中国百村调查丛书
国家社会科学基金重点项目（滚动资助，批号：98ASH001）
"十二五"国家重点图书出版规划项目

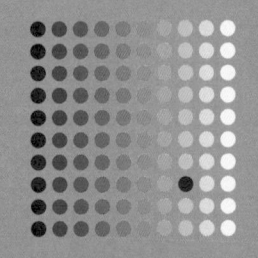

中国百村调查

中国古村调查

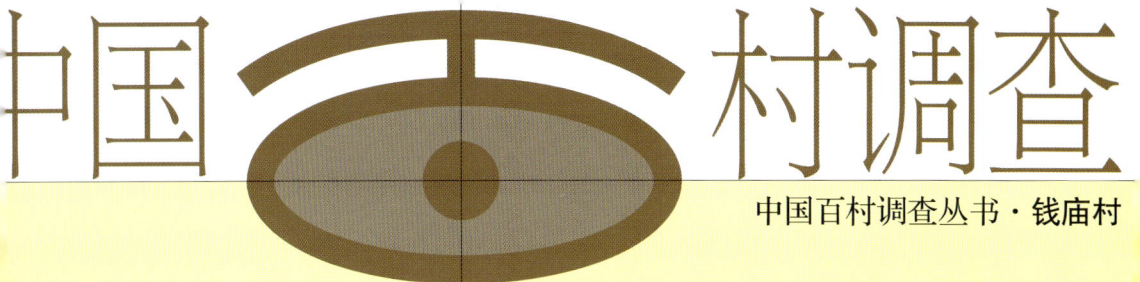

中国百村调查丛书·钱庙村

发现钱庙
DISCOVER QIANMIAO

王开玉　姚多咏/主编

社会科学文献出版社
SOCIAL SCIENCES ACADEMIC PRESS (CHINA)

各章撰写者

第一章　杜丽萍　刘静一
第二章　朱顶飞　高　瞻　王　伟　殷民娥
第三章　范海洲　丁阿丽　丁祎东　张　旭　何长伟
第四章　吴树新　黄佳豪　丁相匀
第五章　顾　辉　徐　娟
第六章　顾　辉　王方霞
第七章　殷民娥　韩沁钊　胡鸿滨
第八章　顾　辉　丁祎东　杜丽萍
第九章　王方霞
第十章　周　艳

附录1　刘　利
附录2　吴　丹　丁阿丽
后　记　王开玉

中国古村调查

钱庙村民悦农作物病虫害机防专业合作社

钱庙村的"淝水湾"休闲农庄

市县领导考察钱庙社区

钱庙社区党委书记刘利

入驻钱庙村的安徽省凤台县联东轻纺箱包有限公司

中国百村调查

中国百村调查丛书·钱庙

课题组与县乡及钱庙村领导的合影

课题组、调查组部分成员

钱庙村幼儿园

钱庙学校

钱庙医院

钱庙村运动场

中国百村调查丛书总编辑委员会

顾　　问	丁伟志　何秉孟
主　　编	陆学艺　李培林
副 主 编	谢寿光　王春光
编　　委	（以姓氏笔画排序）

马雪松　王　苹　王　健　王　颉　王开玉
王永平　王兴骥　王爱丽　方晨光　邓壬富
邓泳红　石　英　乐宜仁　朱有志　朱启臻
刘大可　刘应杰　孙兆霞　苏海红　杜守古
李君甫　束锡红　邹农俭　宋亚平　宋国恺
宋宝安　张大伟　张乐天　张永春　张林江
张明锁　张厚义　陈文胜　陈光金　陈阿江
陈婴婴　林聚任　周伟文　赵树凯　胡建国
俞　萍　贺　静　秦均平　夏鲁平　钱　宁
郭泰山　唐忠新　黄陵东　曹晓峰　曹锦清
阎耀军　谭克俭　樊　平　戴建中　魏胜文

秘 书 长　王春光（兼）

副秘书长　王　颉　樊　平　张林江　高　鸽

秘 书 处　高　鸽　丁　凡　宋国恺　周　艳　梁　晨

《中国百村调查丛书·钱庙村》课题组成员

课题指导	汪石满　马元飞　黄家海
课题组长	王开玉　姚多咏　李大松
课题组副组长	吴　丹　邢　军　方金友　吴树新　王方霞　辛朝惠 严方才　吴丽兵　何　涛　宋立敏　高　瞻　李　伟 范金忠　刘　利
课题组成员	徐　磊　刘学平　刘　明　陈　丽　朱顶飞　范丽娟 童凤丽　周　艳　殷民娥　顾　辉　王　莉　夏　波 丁阿丽　徐　娟　张　旭　卢　玥　丁祎东　何长伟 丁相匀　韩沁钊　刘静一　王　伟　胡鸿滨
统　　稿	吴　丹
编务统筹	丁阿丽

本书由安徽省中国特色社会主义理论研究会、安徽省社会结构研究中心组织编写

总　　序

中国百村调查，是继全国百县市经济社会调查之后又一项经国家社科基金立项、由中国社会科学院组织协调的大型调查研究项目，其目的是为了加深对中国国情的认识和研究，特别是为了加深对中国农村社会的认识和研究。

在改革开放的大潮中，中国农村经历了空前的变化。早在20世纪90年代中期，中国社会科学院百县市调查课题组在完成百县市调查研究后发现，县市调查属于中观层次，需要村落调查给予充实和完善。当时农村人口依然占中国总人口的多数，尤其是改革开放以后，农村基层社会变化最深刻，这是决定中国社会主义现代化命运的基础，是弄清国情必不可少的。在百县市调查的基础上，继续开展对村庄的大型调查，可以对县市村形成系统的、全面认识。百村调查是百县市经济社会调查的姊妹篇，两者结合起来研究，将相得益彰，对加深认识我国的基本国情，就更加完整了。

因此，总课题组当时做了两件工作：一是组织一个课题组，到河北省三河市行仁庄进行试点调查，形成村的调查提纲，调查问卷和写作方案，为将来开展此项调查做准备；二是在1997年7月写出了《中国国情丛书——百村经济社会调查》的课题报告，向全国哲学社会科学规划办申请立项，但因此时国家社科基金"九五"重点课题都已在1996年评审结束，立项时间已过，不好再单独立项。后来经过总课题组同全国哲学社会科学规划办反复协商，他们考虑到百县市经济社会调查课题组很好地完成了任务，考虑到再做一次百村调查是百县市国情调查的继续，很有必要，所以于1998年10月特殊批准了百村经济社会调查补列为国家社会科学基金"九五"重点项目，并专门下批文确认，批文为98ASH001号。

"百村经济社会调查"课题立项后，就受到各地社会科学界，特别是原先参与过百县市调研的单位和学者的欢迎，迄今已经有几十个单位组织课题组，陆续进行了选村、进村和开展调研。从1998年到现在的15年时间，百村调查在参与者的通力合作下，已先后出版了13本有影响的专著，其他村庄的调查研究还在进行之中。

村庄的数量之多、差异之大，非县市所比。究竟选择什么样的村庄，用什么样的视角，采用什么样的研究方法，形成什么样的成果，都不是用一个模式能解决的。但是，总课题有一个宗旨是很明确的，那就是希望研究者对村庄进行长期的、深入的调查，不追求速度，而追求质量，通过对一个村的系统研究，获得新的知识和理论创新。由于课题重大、内容丰富、追求质量、工程艰巨，每个村的调研写作和出版的周期都比较长，可用研究经费筹措困难，加上我们课题组主观努力不够，此项调查进行的时间拖长了。为了确保百村研究延续下去，2012年总课题组向全国哲学社会科学规划办提出顺延申请。规划办组织相关领域的专家对项目的研究工作进行了评估，评审专家充分肯定了已有的研究成果，并一致认为该项目具有较高的学术研究价值和史料价值，意义重大，而且工程浩大，很难在短期内完成；基于此，全国哲学社会科学规划领导小组批准，将本课题定为滚动项目，并予以资金资助，为项目的下一步研究提供了重要的支持。

在过去的15年时间中，总课题组与各地课题组建立了一套有效的研究合作机制，对推进百村调查起到了重要的作用，这样的合作机制也能对其他长期的大型课题研究有一定的参考价值。首先，总课题组成立了课题协调、子课题论证、研究指导和监督、成果审定机制，有专人负责。其次，开展定期的学术研讨和交流活动，迄今为止，先后在北京、河北徐水、安徽黄山和浙江温州召开了多次学术研讨会，会议的内容一般分两部分：一部分是参会者将研究成果拿来交流，另一部分就是安排下一步的百村研究。最后，形成了一个开放的发展机制，即不定期地吸纳新的研究者参与到百村调查和研究中，不断挖掘和培养新的研究人才。

　　百村调查课题自启动以来，不仅已出版了一批高质量的学术著作，推进了中国农村研究，而且培养了一批中青年研究骨干，产生了良好的社会效益，深受学术界重视。现已出版的百村研究成果都是在研究者深入的田野调查基础上写就的，内含大量的第一手实证资料，既涉及中西部贫困村庄，又研究了沿海发达村庄；既涉及纯农业村落，又选择工业发达村庄；既对传统村庄的研究，又对正在进入城市化进程的城中村、城郊村等的调查，对如此不同类型的村庄进行的深入调查和研究，可以形成对中国农村发展新的认识图像，改变过去那种对中国农村单一的认知印象。

　　在现有开展的村庄研究基础上，我们已经进行一些概念提炼和理论概括，渐渐地显现出对促进中国社会科学理论创新发挥作用的迹象。在《内发的村庄》一书中，作者们强调了行仁庄具有内发发展的性质，分析了地方政府、村组织和村民三个行动主体之间的关系。认为行仁庄内发发展的性质的形成主要与人民公社时期历史的延续和主要政治精英的观念意识相关。这一认识实际上说明了中国农村发展是有其很强的内在动力和相应的资源条件，如果忽视了这一点，会在政策上产生很大的偏误，反过来不利于农村的发展。由贵州民族大学教授孙兆霞同志主持的《屯堡乡民社会》一书，系统、深入地研究了贵州省安顺地区的屯堡社会及屯堡文化的形成、构建及基本特征，对屯堡社会提出了不同于以前研究的理论解读，尤其是提出了"乡民社会"这一概念，认为"乡民社会"与费孝通先生曾对中国农村宗族血缘社会即"乡土社会""差序格局"的社会结构有所不同，屯堡社区的社会结构不是单纯以血缘、地缘为基础，而是发生学意义上的地缘关系与后来族群内通婚形成的血缘关系二者结合的产物。我们相信，随着后续的其他村庄调查和研究的开展，会进一步深化和丰富对中国发展现状的认识，为中国的社会科学研究创新提供更加坚实的经验和理论基础，能更有力地参与到与世界其他国家的社会科学学术交流，丰富世界社会科学研究经验和理论视角。

百村调查项目不仅进一步凝聚了百县市调查项目的科研人员，而且还吸引了一批新的科研人员加入。通过现有的十多个项目的调查研究以及出版专著，培养和锤炼一批科研人员，使他们成为当地社会科学院、高校、党校乃至政府政策研究部门的科研骨干，促进了各地的社会科学研究。百村调查之所以能培养和锤炼科研人才，首先是因为要求科研人员在中国最基层进行长时间的实地调查，没有这样的调查，是写不出专著和论文来的；其次与总课题组的科研指导也有着直接的关系，总课题组对所有各地负责百村调研的人进行定期的培训和指导，并且还专门派人到现场对各地的科研人员进行指导，这种合作模式有效地整合了各方的科研资源，产生倍增的科研效力。

此外，百村调查和研究还引起了一些地方政府对村落保护性发展的重视，尤其推动了它们积极去保护一些地方的传统文化，更好地实现经济发展、旅游开发与文化保护相互促进的作用。

总之，百村经济社会调查的目的，同百县市调查一样，也还是为了加深对我国基本国情的认识，特别是要对我国农村、农民、农业的现状和发展有一个科学的认识。通过对这100个村及其农户的调查，对这些村在1949年以来，特别是改革开放以来的政治、经济、社会、文化和生态的变化过程、变化状况"摸准、摸清"，经过综合分析，通过文字、数据、图表把这些村庄过去和现在的状况如实地加以描述，既能通过这个村的发展展示农村几十年来发展的一般规律，也能展示这个村特有的发展轨迹。

《中国国情丛书——百村经济社会调查》继续遵循实事求是、严肃认真的科学态度，继续坚持贯彻"真实、准确、全面、深刻"的方针。要求社会科学工作者深入农村，同当地的干部、群众相结合，采用长期蹲点调查、问卷调查、个案访谈等多种调查方法，力求掌握真实全面的第一手资料，通过"去粗取精、去伪存真、由此及彼、由表及里"的科学分析，如实全面地反映客观实际的状况，杜绝弄虚作假的恶劣做法。社会科学成果，只有真实的才是有生命力的，也才有存在的价值。

《中国国情丛书——百村经济社会调查》是一项集体创作、集体成果。参加这项大型国情社会调查的,有国家和各省、市、自治区的社会科学院、大学、党校以及党政研究机构的社会科学工作者,与被调查地区的党政领导干部相结合,并得到他们的支持和帮助,同时还有被调查行政村的干部和群众的积极配合,实行专业工作者、党政部门的实际工作者和农民群众三结合,才能共同完成这项科学系统的调查任务。百村调查和研究不仅是一个研究课题工作,而且是一项研究者与实际工作者共同合作、携手参与我国农村社会经济发展的实践平台,因此将是一项长期的、具有非常重要价值的工作。我们将在新的起点上凝聚各方力量,提升调查和研究水平,更好地为认识中国农村、推进理论创新、服务农村发展做出持续不断的努力和贡献。

《中国国情丛书——百村经济社会调查》
编辑委员会
2013 年 4 月

谨以此书献给生活、劳动在千里淮河之畔的中华优秀儿女!

献给为振兴皖北而献出智慧、汗水和心血的人们!

本卷序（一）
钱庙的发现

王开玉

"走千走万，不如淮河两岸"

千里淮河，流经河南、安徽、湖北，经江苏入海。安徽位于这条中国第三大河的中游。这条河的两岸曾是沃野千里、"走千走万，不如淮河两岸，吃米有米，吃面有面"的美丽富饶的广阔平原。新中国成立前，由于战乱和灾荒，淮河终年失修，到处是"十年倒有九年荒，背着花鼓走四方"的苍凉景象。随着时代的变迁，淮河两岸曾经历了繁荣，但灾害仍频发。20世纪以来，淮河流域发生大洪水的年份就有17次。为了生存，淮河两岸的人民练就了比他乡人更多的坚韧和耐力。

20世纪70年代后期，特别是进入80年代，淮河两岸经济发展渐呈新面貌，但水污染日趋严重，成为中国水污染最严重的一条河流。"50年代淘米洗菜，60年代洗衣灌溉，70年代水质变坏，80

年代鱼虾绝代，90年代身心受害"，这首歌谣是淮河流域水质变化过程的真实写照。这里大部分村庄资源贫乏，所以为了求生存，外出打工和讨生计的人很多。淮河两岸的发展一直牵动着全国人民的心。改革开放以来，特别是近年来，安徽实施了"振兴皖北"的战略。本书记录和描述了钱庙村在该战略的实施进程中发展乡镇企业治穷致富的过程。钱庙的变化是地处淮畔皖北的一个缩影。走出钱庙再看皖北，2012年，皖北夏粮产量占全国粮食总产量的8.7%；是华东"工业粮仓"和动力之乡，苏浙沪地区的电灯中，有一半是用皖北两淮煤矿的煤照亮的。人们向往的"走千走万，不如淮河两岸"的美景已开始呈现。

规则的力量

在税费改革前，钱庙村像皖北一些农村一样，农民负担过重，干群矛盾尖锐。据村党支部书记刘学平介绍，这个村一度有50%的村民上访。

我国农村经历了土地改革、包干到户、税费改革三次重大的变革，其中包干到户让小岗村走向全国，证明了历史是人民群众创造的。税费改革为中国农村深刻变革打下了坚实基础，留下了厚重的背景，产生着深远影响。我参加了由陈先森、罗建国主持的《敢为人先辉煌起点——中国农村税费改革安徽纪实》长篇调查报告中"路径和措施的选择""第一份税费改革提案的诞生""一个县出台十二份配套文件""问计于基层""五套预算方案""十六易其稿""讨价还价""让群众放心""淮河边的不眠之夜"记录了税费改革是在决策过程中、顶层设计中尊重人民群众的实践及尊重人民群众的创造。

无论是包干到户还是税费改革，都是中国共产党人坚持走群众路线，依靠人民群众，发动人民群众，妥善解决了历史进程中发生的激烈矛盾和冲突。这些都充分证明了在共产党领导下，中国完全可以超越"塔西佗陷阱"[①]。

包干到户从安徽发起，走向全国。农村税费改革也是一场顺应民心，顺应历史发展方向的革命，在这场革命中，历史再次选择了安徽，安徽人在改革进程中勇于承担，以敢为人先的精神迎接了这场挑战，继包干到户之后，再次屹立在改革的潮头。实践证明，税费改革充分依靠广大干部群众，发扬政治智慧，以科学态度战胜了各种困难，取得了辉煌成就，开启了中国和安徽农村、农业、农民发展的新局面。

从组织农民到农民组织

税费改革后，安徽一直注重制度建设。随着改革开放的深入、社会的转型和经济的转轨，原来完全由政府管理社会的模式已越来越不适应经济和社会的发展。新型的农村社会管理也应积极培育农村社会组织，实现农民的组织化，推动政府与社会组织相互合作，实现管理上的耦合与对接。农民组织化可以把分散无

---

① "塔西佗陷阱"得名于古罗马时代的历史学家塔西佗，通俗地讲，就是指当政府部门失去公信力时，无论说真话还是假话，做好事还是坏事，都会被认为是说假话、做坏事。

序的资源整合为丰富有序的资源，共同应对市场化条件下的经济和社会风险；同时可以有效地重构农民的社会信任网络，提高农民的社区认同感，夯实管理基础，建立一套公平合理的新机制。

其实，老百姓的要求很简单，就是遇到了矛盾和困难，遇到了不平事，有地方诉说，有地方解决。钱庙村从建立理事会着手，建立了一个社会组织的平台。理事会成为农村各种利益集团沟通诉求和协商探讨的平台，为农村建立公平公正的社会环境建设提供了有益的探索。钱庙理事会在促进社会和谐方面所起的作用正如刘利书记所说，上接"天气"，下接"地气"，村社区党委、村民委员会和理事会形成了"一池活水"。

正如有一位长期研究农村乡镇企业的专家所指出的那样，"有了投入这把米，许多公共事业就好办了，乡村基层党组织在农民的心目中也更有凝集力了"。"没有手里这把米，叫鸡鸡不应，叫鸭鸭不来。"钱庙由原来的税费改革前50%的人都在上访现在变成了零上访。在乡村治理中，探索出了一条由组织农民到农民组织的新路。

乡镇企业托起的淮畔明珠——钱庙

皖北的不少村庄在解决了老百姓的温饱后，面临着怎样发展的问题。因为许多村庄完全靠单纯的农业经营，富不起来。钱庙原来是这些村庄中的一个。

包干到户和税费改革后，乡镇企业是我国农村现代化的必然选择。钱庙在短短的五年内迅速脱贫致富正是因为走上了这条新路。乡镇企业，毛主席说它是"光明灿烂之希望所在"，邓小平说是异军突起。

新时期我国农村正从传统社会向现代社会、从乡村经济向城镇经济的急剧转型中，这就要求乡村领导干部的领导力要适应这种转型。钱庙村长期落后的主要原因就在于当时钱庙村村支两委熟练于处理旧的农村经济，对发展现代农业、乡村工业化和城镇化缺乏能力和经验。而要解决好这个问题就要有一个懂乡镇企业的领导班子。

钱庙村原来的书记刘学平是一个勤勤恳恳的好干部、庄稼汉。他看准了这一点，坚决向各级组织恳请推荐乡镇企业家刘利担任村党支部书记，他三顾茅庐、四顾茅庐，终于把刘利请出了山。对于如何办好乡镇企业，用刘利书记的话来说，那真要有点无私无畏的精神。我第一次见到刘利是2009年9月，为编写中国省会经济圈蓝皮书，课题组赴淮南考察。淮南是全国煤炭重要产地，正准备加入合肥经济圈。淮南市领导安排课题组考察了为煤炭生产配套的矿山机械厂——凤台县亿联矿山机械制造有限公司（原凤台县通和农商服务公司）。该厂就在这个村里，那是我第一次见到钱庙。我和课题组盛志刚、吴丹等同志看到钱庙村的周围有许多煤矿，其中有亚洲第一大矿顾桥煤矿，此外还有张集、土楼、顾北、张北、顾南、丁集、杨村等煤矿。我见到刘利书记时他正在车间干活，他坚毅的面孔，一身油腻给我留下了深刻的印象。他一面给我们介绍，却没有放下手里的活。我曾担任安徽省民私营企业研究会副会长，到浙江考察看到浙江的许多家财万贯的小老板都是在车间第一线干活,而我们有些小老板有个两三百万元就光指挥不干活了,所以发展不起来。

2006年,刘利带领一班人排除万难、百折不挠、真抓实干,使这个村在短短6年就办起来十多个企业,产值达到了4000万元,再过几年,就能达到1亿元。对于办乡镇企业,刘利坚持以集体股份制为主,这样才能带动共同富裕。这个村的农民收入也由2000元增加到10000元。在发展乡镇企业中要坚持改革开放,处理好工业和农业的关系,处理好外来企业和本村镇企业的关系,但是关键是村领导要真抓实干,刘利一班人信奉"喊破嗓子不如作出好样子",他们改革的精神和激情震撼了大家,激励了大家。

讲到真抓实干,刘利说"喊破嗓子不如作出好样子",有一个真实的故事时时印在我的脑海里。1990年,钱庙的窑厂倒闭了,这个窑厂当时负债累累,达到30万元之多。鉴于这种情况,乡里找到刘利,希望他能接手承包,并承诺五年内不必纳税,希望他能将窑厂做活。于是,刘利就将窑厂接手过来,在体制上实行股份制,参股人每人出资5000元,调动了大家积极性,当年就转亏为盈。

天有不测风云,1991年发大水,淹了周边所有的窑厂,刘利也未能幸免,但他实行了"六抢"政策——抢打捞、抢排涝、抢维修、抢安装、抢时间、抢生产。厂被水淹掉后,刘利望着一片汪洋在思考,很多厂按照惯例都是等水退下去以后再生产,刘利要求发展必须要有新招。最好的办法是水一退立即恢复生产。当时水有四米多深,弄不好就会淹死人,刘利带头跳下水,一次又一次地打捞设备，职工也都跟着他下水去抢捞，再将冒着风险捞出来的设备修理好，这真是"喊破嗓子不如作出好样子"。

所以洪水刚退，他们这个窑厂就恢复了生产。而其他窑厂由于等待政府救济或因为参与保险等待评估而处于停产时，他们的砖厂已经出砖了。由于大水过后亟须恢复建设，市场对砖的需求量猛增，他们厂恢复生产后的产量就达到400万块，不仅满足了当地的需求，而且还销往合肥等地。刘利还被评为淮南市抗洪抢险先进个人。

吕艳全担任村委会主任后，在建设钱庙村小城镇中，满腔热情全身心地投入，即使是在B超检查时发现肝脏上有一些小亮点的情况下，他仍然没有停止工作。耽误了最佳治疗时间，以致从得知病情到因病去世只有3个月时间。生病期间村里老百姓去探望他，感谢他。他说："我作为一个村主任，这些都是我应该做的。"2012年2月，吕艳全因肝病去世，当时才49岁。村里的老百姓都非常怀念他，一位老干部说："吕艳全并没有做什么惊天动地的大事，但是他所做的都是与百姓日常相关的无数平凡的小事，做得完美细微，细微之处见其精神、平凡中见其伟大，每每回想，大家心中都会隐隐作痛，这样的好人是永远都不能忘记的。"

他们正是这样以改革实干的精神探出了一条致富新路。

城镇化建设中的一个不可忽视的亮点

刘利这班人信奉"改革创新永无止境"。他们村发展的小集镇在城镇化中也是一只花朵。钱庙村经过6年的奋斗，在钱庙原来集市贸易的基础上发展成为一个美丽的、具有现代化意境的小集镇。

人们对这些遍布我国乡村的小集镇非常感兴趣，因为它应该成为城镇化建设中的一个亮点。逢会是村民们赶集的盛会。在皖北一带尤为流行。逢会那几天，钱庙集市非常热闹，其他村及其周边乡镇的商贩和村民都会赶来，商贸活动异常繁荣。除了商贸活动外，近些年来也开始发展文娱活动。通常乡政府会发动市民合资请来戏曲表演团队、马戏团队等。在逢会当天，还会有专门的花鼓灯表演、篮球比赛等。钱庙人一年中有三大逢会。逢会一是农历二月二十四，逢会二是农历三月二十八，逢会三是农历八月初八。钱庙村镇就是在这个基础上发展起来的，钱庙村对钱庙集镇进行了总体规划，建成标准化农贸市场2680平方米，修了一条宽30～40米的水泥路，临街统一规划建立200多个门面，都是两层，10多万元就可以买一套房子（两层），租房子是1000多元一个月。对于营业额不超过2万元的商店不收取任何费用。由于钱庙村新建了农贸市场，又是乡政府所在地，逢双日就会有很多人赶集，人流量较大。这样发展起来的小集镇才有生命力，这种模式不仅适合皖北农村，而且也适合广大农村。我们一直在关注着小集镇建设，为了加速"城镇化"，有的地方划出一块地盖好了房子，让农民进来，认为这就是城镇化，结果农民搬进来，没有生路，只好又搬回原来的居住地。

小城镇实现了让农民"在家门口的土地上打工"的愿望。2012年春节后，钱庙乡的吕文英、朱玉林等返乡农民工心情特别舒畅，她们轻松地在家门口的君才服装厂找到了工作，使她们不出远门，又能照顾家，每月还能获得1500多元的劳务收入。为了更好地激发返乡农民工立足家乡建设新农村的热情，提高他们返乡创业能力，钱庙采取多项措施，实行政府帮、民企引、能人带，让返乡农民工留得下、稳得住、有岗位，成为家乡土生土长的产业工人。

为给农民工在家乡创业提供宽松环境，钱庙对企业用工和解决当地剩余劳力就业工作进行认真部署，制定了优惠政策，培养了一大批返乡创业能人，形成了一户带多户、多户带一村、一村带一片的格局。钱庙积极以通和公司、钱庙箱包厂、俊才服装厂、杰胜服装厂为龙头，建立返乡农民工培训基地，2012年1~11月，开设了电动缝纫、焊工、厨师、美容、岗位提升、加工等相关专业的技术培训班14期，有1800多名返乡农民工参加了技能培训；乡劳动就业站帮助联系、协调返乡劳力在本乡企业就业的同时，还组织100多名返乡农民工去县城参加第二届凤台农产品交易会，让他们开拓了眼界，寻找在家乡发展经济的思路和空间。

目前，全乡有70%的返乡农民工实现了"本土就业"，就业人数达2500余人，他们不需再远离家乡，在家门口就能富口袋，劳动力资源优势可就地转化为经济优势，为新农村经济发展注入新的活力。

小城镇不仅让当地农民就业，而且还吸引了外来的企业入驻。

伴随着农村打工经济的快速发展，钱庙乡党委、政府采取多种措施，进一步引导外出农民工由"打工潮"向"创业潮"的发展，使全乡形成有序输出与回流创业良性互动的新局面，着力开辟了农民工回乡创业的新天地。这个乡一是不断加强农民工劳动技能培训，使广大农民工都能掌握1~2项劳动技能，为农民工胜任就业岗位打下基础；二是搭建创业就业平台，落实优惠政策，营造良好创业环境，宣传、鼓励、引导、扶持一批懂技术、善管理的外出务工成功人士返乡创业,乡政府和乡劳务就业服务站在基地、信贷、技术和创业环境等方面给予政策扶持,千方百计推进农民工返乡创业;三是搭建创业桥梁,加强与在外务工人员的沟通联络,及时了解他们的创业意向,拓宽就业渠道,当好创业参谋,解决他们的实际困难,维护农民工权益,增强他们的创业信心和反哺家乡的责任感。

吸引农民在家门口就业可以更好地解决空巢老人问题和留守儿童问题。

小村镇特别吸引人的一个地方就是加强村公益性文化基础设施建设,文化、体育基础设施不断完善,文化服务功能得到加强,推动全村文化、体育事业蓬勃发展。钱庙村将文化、体育基础设施建设纳入全村总体规划。除了新建的村民运动场、篮球场地外,还配备了乒乓球台等体育设施,推动了全民体育健身的开展。

一个著名经济学家把中国发展战略形象地比喻成"牛肚子"理论,意思是说,中国中部地区很重要,如果把中国整体比作一头牛,中部就是一个牛肚子,只有中部发展了,中国才能崛起。国家在实施中原经济区战略,安徽在实施"振兴皖北"战略,凤台县钱庙村都在其中。我们把它作为中国百村调查的一个选择,也是为了记叙和描述"振兴皖北"和中部崛起。

"发现钱庙"从调查到完成前后历经了近一年的时间,我们采取了文献法和问卷调查相结合,从 2012 年 4 月起,课题组对钱庙村进行了各种类型的大大小小的调查。课题组在全村抽样了 300 户进行问卷调查,共回收了 268 份有效问卷。这些问卷涉及人口数

962人，占到钱庙全部户籍人口的28%，总户数的31.7%。同时还做了200份访谈。课题组经过艰苦的努力，五易其稿，才编成本书。但是由于历史档案材料不全，我们的调查也还有所遗漏，加上水平所限，失误之处请多批评指正。

2013年1月8日于合肥

本卷序（二）
在大力实施振兴皖北中作出新贡献

姚多咏

凤台县钱庙乡钱庙村位于凤台县域西北，距县城约26公里，辖10个自然村，27个村民组，农业家庭户860户，农业人口3460人。中共凤台县钱庙乡钱庙村党委于2011年7月正式成立，是淮南市第一个农村社区党委，下设10个党支部，现有正式党员176人。

2003年底我初到凤台担任县委副书记、县长的时候，就去过钱庙村，那时候这个村给我的感觉极其普通，甚至可以说印象较差，村农民人均纯收入仅有2000多元，全村没有企业，集体收入很少，连村支两委及配套班子等干部工资和正常的办公经费都不够用，还欠外债30多万元，经济上可谓一穷二白；虽然是乡政府所在地，但是连一条水泥路都没有，到乡政府途经的道路坑坑洼洼，群众走在路上是"晴天一身灰，雨天一身泥"；那时候这个村不稳定因素较多，经常有群众集体上访。

这个村真正起步发展是在2006年当地企业家刘利到村里担

任"第一书记"开始的,从一个外欠债30多万元的村发展到现在村集体年收入达到130万元,得益于有一个好的带头人——农民企业家刘利同志。刘利同志可以说是牺牲个人利益到村里主持工作的,他担任"第一书记"后,利用自己企业的资金、技术、信息、客户帮助村里发展集体企业,为村集体经济发展打下了坚实基础。

走乡村工业化、农业现代化之路。刘利带领村干部多次到华西村等发达地区学习考察,开拓思路,增长见识,统一思想。钱庙村人多地少、劳动力过剩,靠土地难刨出"金娃娃",必须发展壮大村集体经济,只有以坚实的集体经济做后盾,群众富裕才能有保证。这在村支两委中达成共识,也是钱庙村村民多年历尽困苦得来的共识,村党支部率先提出了"一年起步、二年变样、三年翻番"的目标。经过村两委百般努力,坚持以工业化为导向,走新型集体经济发展道路,通过股份制形式,发展集体或集体控股企业,先后创办了钱庙村机械配件加工厂、钱庙村民益轮窑厂、钱庙村建筑队、钱庙村石料厂、钱庙村洗煤厂、钱庙村实在商场、钱庙村加油站等11家集体企业。钱庙村村民从事第二、第三产业的劳动力,已占总劳动力的92%以上,现在钱庙村村民已形成"人人有活干、人人有事做"的良好局面。2011年,村集体企业年总产值超过4000万元,创利税400余万元,村民在集体企业中入股的分红近300万元,村集体收入130万元,农民人均纯收入9465元。

推进社会建设,共享发展成果。钱庙村经济得到快速发展,企业不断发展壮大,村集体收入持续增加。

一是把资金投入到基础农业中去,保障农业发展的后劲。社区两委筹集资金 500 多万元,对全村的水利设施及生产、生活路面进行了整修,新建防渗渠道 1580 米、生产桥涵 16 处。

村委会牵头成立了"民悦合作社",实行了农业上的"六个统一"(统一供种、统一施肥、统一机播、统一开沟、统一防治、统一收割)。所有农资均按采购价分发农户,费用由村里补贴,让村民得到了更多的实惠。前不久,我又去了钱庙村,现在的钱庙村呈现出欣欣向荣、蓬勃发展的可喜局面:高产农田示范区涌金流翠,硬质化水渠纵横交错,水泥路四通八达。

二是把更多的资金投入公共设施中,提高村民的生活质量。结合新农村建设,统一规划建设安居新村,建成标准化农贸市场 2680 平方米,铺修水泥路面 6.3 公里、砂石路面 1.6 公里,栽植绿化林木 5200 多棵,新建农村饮水工程 1 处,扩建了村民健身广场 1000 平方米,安装了 150 盏路灯,配备专职保洁员 17 名,大大改善了村民的生活、生产环境。

三是把资金投入公共服务中,保障村民的切身利益。免去了"一事一议"资金,资金全部由村集体统一垫付。建成了 860 多平方米的社区卫生室,花费 60 余万元购置了彩超、全自动血流变分析仪、全自动生化分析仪等一批先进医疗诊断设备,每年为全村老年人免费体检。投资 300 余万元,建成了软硬件一流的钱庙乡润宝中心幼儿园,让农村孩子也受到优良的学前教育。

经过几年的建设,现在的钱庙座座别墅式小楼掩映在绿树丛中;商业街,店铺林立,人群川流,兴旺繁荣;社区服务中心服务周到,年轻人在健身广场中锻炼,学生们则在图书室探求未知的知识。全村干群谋发展、争先进，在村党组织的带动下他们干劲十足，经济和社会事业正谱写华丽篇章。

在经济社会转型中，大力推进改革创新。钱庙村用短短的五六年时间取得了可喜变化，我觉得他们取得这些成绩，不是偶然的，而是他们做到了"三个离不开"。

一是离不开村党组织的坚强领导。钱庙村是凤台县第一个成立社区党委的村，村党组织作为全村的主心骨，一举一动都影响着全村群众。只有坚强有力、团结进取、一心一意为群众服务的村党组织，才能为全村经济发展提供保障，为企业发展排忧解难，为农民群众创业致富出主意，提供帮助。所以说，一个经济发展快速的村，一个农民安居乐业的村，必定有一个一心为民的团结的党组织队伍。钱庙村近年来，大力加强村党组织建设，党员数从2006年的60多名发展到现在的170余名，村干部素质普遍提升，中专以上学历占半数以上，村党组织的凝聚力、号召力、战斗力大大增强。

二是加强领导力建设。有了村党组织的坚强保障，致富能人在生产和生活中遇到困难和问题，找到组织时，组织上都能积极主动帮忙解难题，提供支援，不推诿，不避让，让致富能人们没有了后顾之忧，一门心思扑在发展企业上，更加大胆、主动、积极地帮助和带领周围群众共同发展、共同致富。把致富能人吸引到党组织中，发展他们成为党员甚至两委干部，能够更好地发挥能人带动作用，带领更多群众发展生产，共同致富。

三是离不开群众的共同努力。有了党组织核心作用，有了致富能人的带领，全村的干部群众们的生活有了奔头，团结一致，群策群力，全身心地投入经济发展中，众人拾柴火焰高，全村经济发展越来越旺，群众生活越来越好。尤其重要的是，村集体有了自己的企业，部分群众可以就近务工，不用外出奔波，留守儿童、空心村等一系列社会问题可以得以解决。

在振兴皖北中积极作出贡献。凤台县共245个村，钱庙村所发生的巨大变化，只是一个缩影。但它能集中体现皖北村落的特点。它是近年来认真贯彻党中央、国务院和省、市关于加快"三农"工作发展的文件精神、政策措施的结果，更是我们立足凤台实际，找到了一条适合当前本县农村经济社会快速发展的道路，也是集中代表了我县近年来坚持不懈抓好"三农"工作所取得的成绩，是典范之一。钱庙正在更上一层楼，为全省同类地区的发展探索新路、积累经验。

安徽省委、省政府正在实施振兴皖北的战略。全国政协委员吴春梅建议将皖北地区设立为工业化、城镇化和农业现代化"三化"协调发展示范区，并列入国家编制的中原经济区规划，享受国家赋予中原经济区的先行先试权，探索建设工农城乡利益协调机制、土地节约集约利用机制和农村人口有序转移机制，积极构建城乡经济社会发展一体化新格局。

凤台县是全省重要的煤炭生产基地，拥有120亿吨煤炭的探明储量，2011年煤炭产量3864万吨，发电量86亿千瓦时，煤电产业为凤台的发展带来了空前的发展机遇，全县财政收入连续多年位居全省第一，2011年达到38.8亿元。2011年，凤台经济社会取得了全面进步的丰硕成果，荣获了全国粮食生产先进县、全国科技进步先进县、全国文明县城、全国科普示范县、第二届全省文明县城等荣誉称号,实现了"十二五"的精彩开局。在煤电产业取得快速发展的同时,面对占全县78%以上的近50万农民群众,如何带领他们发展现代农业,找到致富奔小康的出路,实现城乡一体化共同发展,是摆在县委、县政府面前的一件大事。近年来,县委、县政府始终把"三农"工作作为头件大事,每年都以县委1号文件制定政策,用于扶持农业发展的县财政资金每年在3000万元以上,极大地推动了凤台农村现代化、农业产业化、乡村城镇化和新农村建设的发展。

一是坚持不懈地抓好科技推广应用,加快现代农业建设。农业实现可持续发展,提高农业发展质量,必须依靠科技进步。我们牢牢把握加快现代农业发展方向,高度重视科技应用,增加科技含量,提高产品的质量特色,提高科技贡献率,并不断增强特色农业发展的后劲。首先,加强基层农技推广体系建设。投入资金750余万元,对全县16个乡镇农技推广服务中心进行全面建设,已形成县、乡(镇)、村农技人员和科技示范户四级服务网络,初步实现了连锁化、网络化、规范化经营管理的农村社会化服务体系。其次,大力实施农业精品化工程。加大优质农产品引进力度,加快优良品种的更新换代和先进技术的推广应用,推进优质农产品的区域化布局和专业化生产。大力推进粮食、畜牧、水产、蔬菜四大主导产业发展,着力建设区域化、规模化、特色化的生产基地。大力实施小麦高产攻关、创建活动和水稻提升行动,2011年,粮食播种面积130万亩,总产量61.04万吨,荣获首次国务院表彰的全国粮食生产先进县。培育农作物新品种6个,提高了科学技术对农业的贡献率。最后,加大对现代化农机的推广力度。完善农业机械购置补贴政策，促进新机具新技术推广。水稻机械化栽植率达到45.2%，第二次被农业部评为"全国机插秧示范县"。

二是坚持不懈地抓好产业结构调整，帮助农民增产增收。我们始终把加快农村产业结构调整，作为促进农民增产增收的重要途径。首先，大力实施"一乡一业""一村一品"工程。发展壮大优质农产品和特色农业，扩点成线，聚块成带，把特色产品变成特色产业，促使特色产业由星星点点的插花分布向跨行政区域的片状、带状转变，形成产业集中、特色鲜明、优势突出的农业特色板块基地。其次，积极推进土地流转。按照自愿、有偿、依法的原则，加大土地资源合理流转力度，不断提高农民参与农村土地流转的积极性，优化流转工作环境，提高流转的质量和效益。鼓励农民用土地经营权入股，创办农民自己的股份制农业企业，使更多的农民成为农业工人，确保农民长效增收，全县17个乡镇都成立了土地流转中心，土地流转面积达到9.5万亩。再次，积极发展无公害食品、绿色食品和有机食品。加强对主要农产品和农业投入品及农业环境在农业生产的产前、产中、产后按无公害技术标准进行全程质量控制，提高农产品安全质量意识。2011年，全县拥有绿色食品20个，无公害农产品46个，有机食品2个。2010年，以朱马店镇为核心的20万亩糯稻生产基地被农业部批准为国家农产品地理标志保护区域，成为全省首批获永久性、唯一性的生产地名贯名保护的生产基地。最后，积极培育农产品品牌。扶持农村各类组织在外埠设立销售机构、直销网络，在城市超市开辟农产品专柜，促进特色农产品销售。2011年，凤台县农产品加工企业、农民专业合作社或自然人注册的各类农产品商标增至120多个,其中争创名牌农产品和知名商标17个,并形成了一定市场,市场前景看好,具备较强的市场竞争力。

三是坚持不懈地抓好农业龙头企业,加快农业产业化步伐。龙头企业在培育主导产业、推进优势农产品区域布局、带领农民增收致富等方面发挥着重要作用。我们坚持把培育龙头企业,促进农产品加工增值,延伸产业链作为一项战略举措来抓。首先,积极扶持龙头企业。坚持引导与培育相结合,努力培育竞争力强、辐射面广、带动力大的农业龙头企业,同时依托农业龙头企业,积极发展配套原料生产基地,引导农民发展适销对路的优势农产品,壮大产品规模,形成产业基地。2011年,全县拥有省级农业产业化龙头企业7家、市级20家。其次,积极发展专业合作经济组织。按照"民办、民营、民受益"的原则,推进农民专业合作社发展,围绕主导产业和产品开发,组建实体型的各类专业合作社,大力发展"订单"农业和市场农业,实现千家万户的小生产与千变万化大市场的有效对接。2011年,全县农民专业合作经济组织276个,带动农户近4万户,其中省级示范社4个、市级示范社8个。最后,积极建设农民创业带头人队伍。加强农民创业带头人培育工作,通过培植典型、示范带动,发展壮大农民创业带头人队伍。引导和帮助农民创业带头人组建合作经济组织和专业农协,引导他们走自愿入会、自我管理、自我发展、联合壮大之路,增强他们的带动能力和抗击市场风险的能力。2011年,全县省级农业创业带头人9名、市级39名、县级166名,起到了良好的示范带动作用。

四是坚持不懈地抓好新农村建设，积极推进农村城镇化。加快农村城镇化建设是推进城乡一体化的持久动力。我们坚持把新农村建设作为推进农村城镇化的重要突破口，着力打造现代宜居宜商新凤台。结合凤台实际，面对每年因采煤造成的土地沉陷近万亩，涉及农民搬迁安置数千人，变被动为主动，因地制宜，把农民搬迁安置与新农村建设结合起来，与农村城镇化建设结合起来，与促进地方经济发展结合起来，相继创建了钱庙村、店集村、芮集村、朱庙村、福镇村等一批省、市、县先进示范点28个，建设新村面积78.9万平方米，建成路面硬化128公里、下水道70.2公里，植树42839棵，架设路灯1509盏、供电线路28530米。建成5791户，入住4843户1.7万人。每个示范点专门配套了垃圾清运车，组建了卫生清扫队，做到卫生有人扫，垃圾有人处理。初步解决了垃圾乱倒、污水乱排、货物乱放、棚舍乱搭、杆线乱拉、墙体乱涂、柴草乱堆、畜禽乱跑的"八乱"问题，新农村建设的面貌发生了明显变化。特别是2010年启动了结合集中搬迁、就业优先、生活配套、地矿共建为一体的"集中式搬迁、发展式安置、开发式治理"凤凰湖新区新型模式，安置区建成后将有8.3万名沉陷区的群众乔迁新居，解决3万~4万人的就业。

五是坚持不懈地抓好民生工程，努力实现发展成果城乡居民共享。只有让城乡群众共创共享改革发展成果，才能实现群众殷实、推动和谐发展。凤台坚持把城乡群众共创共享改革发展成果作为统筹城乡发展的根本出发点和落脚点。近年来，累计投入15.5亿元，实施159项民生工程，有力改善了乡村群众生产生活。其中，1283万元实施农村饮水安全工程，解决6个乡镇3.2万农村人口饮水不安全问题；坚持教育优先发展，完善教育经费稳步增长机制，全面免除了城乡小学学费；免除了每年全县农民种粮一级排灌水费1411万元；深化城乡医药卫生体制改革，健全县、乡、村三级公共卫生服务体系，全县新农合实现全覆盖，基本实现人人享有基本医疗卫生服务，解决了农民"看病难、看病贵"问题；新农保参保人数达21.8万人，超额完成任务，有效解决老有所养的问题；建立低保标准随经济发展同步增长机制，困难群众基本生活得到有效保障，农村五保户、低保户、困难户做到了应保尽保；全面落实了在职村干部报酬、村干部养老保险、离职村干部生活补贴，改善了干群关系，形成干群各尽其能、各得其所而又和谐相处的社会环境。

六是坚持不懈地抓好基层组织建设，引领农村经济社会全面发展。农村基层组织是推动农村快速发展的重要力量。我们认为特别是基层党组织的引领作用是至关重要的，而基层党组织建设的关键是抓领导班子建设，使之成为推动科学发展、带领农民致富、维护农村稳定的坚强领导核心。因此，首先，加强规章制度建设。通过建章立制规范班子的议事决策，注重发挥班子集体的智慧，带领村民共同发展。其次，探索选人用人的新途径、新方法。注意培养一些具有发展思路之识、创新创业之胆、驾驭市场之能、科技富村之才的优秀党员，选拔到村党组织队伍中来，使之成为带领农民致富的领头人。最后，抓好后备干部的建设。近年来，凤台县先后组织了五批178名干部进村挂职，担任第一书记；四批150名大学生到村任职，担任村书记和主任助理。选拔更多的优秀人才进入农村干部队伍，充实到基层干部队伍建设中，补充了新鲜血液，促进了农村基层班子的年轻化、知识化的整体提高。

七是坚持不懈地加强和改进群众工作，构建和谐稳定发展环境。我们健全了科学的民意表达机制、民需服务机制、权益保障机制和民安维护机制，强化为民意识、服务意识，以重视社会矛盾源头防范为主线，推行网格化管理制度，以加强基层基础调查、完善制度建设，增强工作主动性，深入基层，认真扎实地解决群众反映的热点、难点问题，为群众做好事、办实事，把矛盾纠纷隐患解决在萌芽状态，推进了"两集中、两到位"和政务、党务、村务公开工作，妥善解决了一批历史遗留问题和改革发展中的难题，构建了和谐稳定、廉洁高效的科学发展环境。

凤台县将紧紧抓住中共安徽省委加快皖北地区发展和合淮同城化发展机遇，大力发扬"艰苦奋斗、团结协作、心系群众、奋勇争先"的"永幸河"精神，按照"资源转型先进县、历史文化文明县、山水园林生态县、宜居宜业幸福县、风清气正廉洁县"的"五县联创"发展思路，发挥全省财政收入第一大县的资金优势，继续加大对"三农"工作的投入，大力发展农村经济，推动农村城镇化、工业化和农业现代化的快速发展，加快城乡一体化进程，让城乡居民共享经济发展成果。

2012 年 8 月 8 日于凤台
（作者为中共凤台县委书记）

目 录

第一章　钱庙村的基本概况 …………………………… 1
  第一节　一个淮河之畔的村庄 …………………………… 1
  第二节　钱庙村的家庭、人口状况 ……………………… 2
  第三节　钱庙村走上振兴之路 …………………………… 11

第二章　钱庙村领导班子结构和领导力的提升 ………… 13
  第一节　领导班子的沿革和结构 ………………………… 13
  第二节　提升领导力　发展生产力 ……………………… 16
  第三节　坚持创新　一心一意谋发展 …………………… 18
  第四节　钱庙村社区党委的作用分析 …………………… 19
  第五节　钱庙村社区党委和以刘利为书记的
　　　　　团队领导力分析 ………………………………… 24
  第六节　钱庙村村民政治参与与政治评价 ……………… 28

第三章　钱庙村的经济结构和"三化"统筹 …………… 42
  第一节　钱庙村民悦专业合作社——农业综合服务化
　　　　　体系的新起点 …………………………………… 43
  第二节　钱庙村的乡村工业化之路 ……………………… 46
  第三节　钱庙发展乡镇企业的成功经验 ………………… 52

目 录

第四节 中国城镇化发展中的一例——自然村形成的小镇 ……… 56
第五节 钱庙村集体合作经济的分析 ……………………………… 61
第六节 钱庙村"80后"建起了"泚水湾"休闲农庄 …………… 64

第四章 钱庙村社会组织和民间组织 …………………………… 69
第一节 钱庙社区理事会发展概述 ………………………………… 70
第二节 钱庙理事会的章程分析 …………………………………… 81
第三节 钱庙村理事会的制度建设 ………………………………… 85
第四节 钱庙理事会在农村社会管理中的功能与生成研究 ……… 89

第五章 钱庙村的劳动、就业分析 ……………………………… 97
第一节 劳动与就业 ………………………………………………… 97
第二节 村民的经济参与与收入分配 ……………………………… 110
第三节 家庭企业经营 ……………………………………………… 114
第四节 拓宽增收渠道 促进农民收入增长 ……………………… 117

第六章 钱庙村的家庭收入、消费结构 ………………………… 126
第一节 从业收入与家庭收入 ……………………………………… 126
第二节 农业经营与收入 …………………………………………… 138
第三节 生产性支出和家庭消费 …………………………………… 142

目 录

  第四节 家庭财富拥有状况 …………………………………… 145
  第五节 在发展中逐步缩小农村贫富差距 …………………… 151

第七章 钱庙村的社会事业发展 ………………………………… 165
  第一节 钱庙村教育、卫生发展概述 ………………………… 165
  第二节 钱庙村的教育 ………………………………………… 166
  第三节 钱庙村的医疗、卫生 ………………………………… 174

第八章 钱庙村的文化和习俗 …………………………………… 179
  第一节 礼仪文化——生命礼仪 ……………………………… 179
  第二节 歌舞文化——花鼓灯 ………………………………… 185
  第三节 商贸文化——逢会 …………………………………… 189
  第四节 孝悌文化 ……………………………………………… 191
  第五节 生育观念与生活态度 ………………………………… 193
  第六节 钱庙村村民的社会关系网络 ………………………… 205
  第七节 钱庙村的创业文化 …………………………………… 210

第九章 在振兴皖北和中原经济区中更大的发展 ……………… 214
  第一节 振兴皖北的背景 ……………………………………… 215
  第二节 开发皖北的条件与机遇 ……………………………… 218

目 录

第十章 钱庙乡村治理的经验和启示 ………………………… 223

 第一节 乡村治理的概念 ……………………………………… 223

 第二节 目前我国乡村治理存在的问题 ……………………… 225

 第三节 钱庙乡村治理的经验 ………………………………… 229

 第四节 钱庙经验的启示：完善我国乡村治理机制的对策

    ………………………………………………………… 233

附录1 刘利日记选摘 ……………………………………………… 236

附录2 "中国百村经济社会调查"第四次工作会议

   （浙江温州）纪要 …………………………………… 240

后记 中国百村经济社会调查十五年的回眸 …………………… 250

第一章 钱庙村的基本概况

第一节 一个淮河之畔的村庄

安徽省淮南市凤台县钱庙乡钱庙村位于西淝河（淮河北岸的一条主要支流）岸边，是皖北地区的一个村庄。据传说，一百多年前，钱庙所在地还是一片荒原。后来河南开封的钱姓人家落户于此，因当地有一座庙，便将此地取名为钱庙。钱氏在此定居后，其西两里外的刘氏也迁居于此，后外姓人相继在此落户，渐成自然村落。

拥有一百多年历史的钱庙，在近现代涌现出一些知名人物和革命战士。钱庙有一贞节牌坊，上书"皇清旌表节孝钱母苏太夫人之坊"。原是此处有一苏氏女子28岁为夫守寡，抚养子女，其侄为新疆迪化府尹，将此事上表朝廷，皇帝为之动容，特设贞节牌坊于此。另有民国二年生于凤台县刘家楼（现叫刘楼，紧邻钱庙地界）的刘真，他毕业于安徽大学哲教系，曾任台湾师范学院院长、台湾师范大学校长、台湾省教育厅长，他一生为教育奉献，呕心沥血，被马英九称为"台湾师范教育之父"。抗日战争、解放战争和抗美援朝战争中，钱庙儿女和全国人民一样，浴血奋战。马开平，安徽凤台钱庙人，1943年入伍，曾随彭雪枫将军转战全国，在1949年解放上海的战役中牺牲。另有牺牲在抗美援朝中的钱庙烈士王福周、缪学张、曹兴华等。

新中国成立初期，钱庙村是淮南市凤台县郑楼乡中北村的一部分，后来从中北村分离出来，成立钱庙村。1961年，钱庙村将周边几个自然村合并，形成了目前相对完整的钱庙村。2011年，凤台县钱庙乡钱庙村村民委员会名称改为凤台县钱庙乡钱庙社区村民委员会。

第二节 钱庙村的家庭、人口状况

钱庙村下辖10个自然村，分别是曹庄（200多人）、常吕庄（600多人）、东李庄（200多人）、小庞庄（200多人）、大庞庄（500多人）、钱庙庄（1000多人，200多户）、北李庄（160多人）、胡庄（160多人）、王庄（近100人）、新农村（200多人），共27个村民组。农户846户，农业人口3426人，外来经商户269户，包括流动人口，共3705人。我们问卷共调查了268户，其中1人户20户，占7.5%；2人户46户，占17.2%；3人户69户，占25.7%，4人户66户，占24.6%；5人户37户，占13.8%；6人户22户，占8.2%；7人户4户，占1.5%；8人户3户，占1.1%；10

人户1户，占0.4%。全部被访户家庭总人口合计962人。

从户籍性质看，农业户口261人，占97.4%，非农业户口7人，占2.6%；被访户的家庭人口中农业户口人数共931人，占96.8%，非农业户口人数31人，3.2%。从性别来看，被访对象中，男性221人，占82.5%，女性47人，占17.5%；被访户的家庭人口中男性518人，占53.8%，女性444人，占46.2%（见表1-1）。样本中性别比为117，性别比偏高。从课题组在村庄了解的实际看，村庄男性明显多于女性，这与当地重男轻女的传统习俗以及生育中的男性性别选择有着密切的关系。

表1-1　问卷反映的户籍和性别情况

单位：人，%

类别	被访者户籍		被访家庭户籍		被访者性别		被访家庭户籍性别	
	农业	非农业	农业	非农业	男	女	男	女
数量	261	7	931	31	221	47	518	444
比例	97.4	2.6	96.8	3.2	82.5	17.5	53.8	46.2

从年龄分布来看，15岁及以下儿童比例为18.0%，60岁以上老年人口比例为11.9%（见表1-2），少年儿童抚养比为25.7%，老年人口抚养比是16.9%，总抚养比为42.6%，也就是说，钱庙村平均每2.5个成年人口要抚养一个老人或儿童，相对2010年安徽第六次人口普查的总抚养比39.2%来说偏高。按照老年型人口年龄结构类型的标准，即老年人口系数10%以上，儿童少年人口系数30%以下，老少比30%以上，钱庙村已经是老年型社会。钱庙60岁以上老年人口比例为11.9%，65岁以上老年人

口比例为8.44%，按照60岁及以上人口超过10%，65岁以上人口超过7%的标准，钱庙已经进入人口老龄化。从人口的年龄层次分析钱庙村，村庄的老龄化趋势明显，这也是安徽大部分农村的缩影。

从钱庙的人口金字塔来看，这个人口金字塔呈"梨"形，表明中青年人在村庄人口中的比例较高，少年儿童的比例略少，老年人比例较少（见图1-1）。这种结构类型意味着青少年人口的补给越来越少，而随着年龄的增长，老年人口的比例会有较大程度的增加，从人口红利的标准来看，目前钱庙村正处于中青年人口比例最大的时期向老年人口比例增长过渡，人口红利期即将结束。

表1-2 被访家庭人口中不同年龄组分布

单位：人，%

年龄组	人数	百分比	年龄组	人数	百分比
0~15岁	173	18.0	51~59岁	134	8.5
16~18岁	27	2.8	60岁及以上	114	11.9
19~30岁	237	24.7	其中:60~69岁	64	6.7
31~40岁	129	13.5	70~79岁	30	3.1
41~50岁	198	20.6	80岁及以上	20	2.1

从钱庙村的教育情况看，在填答受教育年限的801名被访者及家庭成员中，3.5%未受过正规教育，1/3受教育年限在6年以下，相当于仅小学毕业；90%受教育年限在9年以下，相当于初中毕业。全部样本的平均受教育年限为7.17年，相当于初中未毕业水平（见表1-3）。

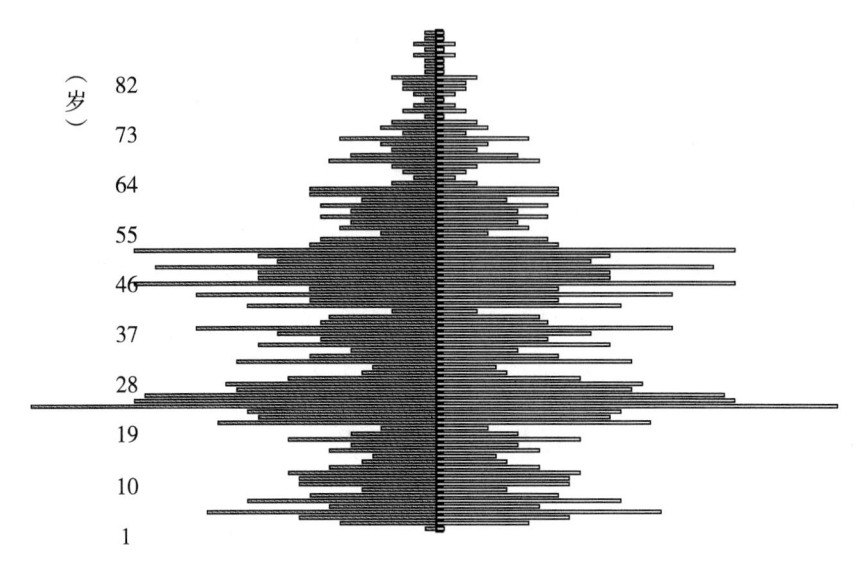

图 1-1　钱庙村的人口（年龄）结构

表 1-3　钱庙人口的受教育年限

单位：人，%

受教育年限	频　数	百分比	累积百分比
0	28	3.5	3.5
1	14	1.7	5.2
2	31	3.9	9.1
3	39	4.9	14.0
4	22	2.7	16.7
5	106	13.2	30.0
6	26	3.2	33.2
7	19	2.4	35.6
8	257	32.1	67.7
9	179	22.3	90.0
10	17	2.1	92.1
11	17	2.1	94.3
12	25	3.1	97.4
13	1	0.1	97.5
14	8	1.0	98.5
15	6	0.7	99.3
16	2	0.2	99.5
18	4	0.5	100.0
总　计	801	100.0	

从不同性别的受访者受教育程度的交叉分析可以看出,受访对象的平均受教育年限低于受访者家庭人口的平均受教育年限,为6.76年,其中一半以上受教育年限在9年以下。受访对象中,男性的受教育年限并未表现出普遍地高于女性受教育年限的特点,卡方检验显示,两性的受教育水平并不存在显著性差异(双位检验显著性水平为0.655)。实际上,农村人口两性的受教育水平普遍地较低,在有限的受教育年限中,两性之间的差距并不明显,而体现出教育差异的高层次受教育者,往往已经成为城市劳动力或城镇户籍人口。

表1-4 受教育年限与性别交叉情况

单位:人,%

受教育年限	性别		合计
	男	女	
0	4 2.0	2 4.7	6 2.5
1~3年	24 12.1	5 11.6	29 12.0
4~6年	57 28.6	9 20.9	66 27.3
7~9年	101 50.8	22 51.2	123 50.8
9~11年	9 4.5	4 9.3	13 5.4
12年以上	4 2.0	1 2.3	5 2.1
合计	199 100.0	43 100.0	242 100.0

说明:Pearson卡方检验,值为3.294,自由度为5,渐进双侧Sig.值为0.655;5单元格(41.7%)的期望计数少于5;最小期望计数为0.89。

从不同年龄组的受教育水平来看,老年人口的受教育年限普遍较低,未上过学的人口均为60岁及以上老年人口,而9年以上受教育年限的人口,主要分布在50岁以下人口中,尤其是12年以上的受教育者中,均为30多岁人口。从卡方检验来看,不同年龄组的受教育水平存在显著性差异(双侧检验Sig. = 0.000),年龄越小,受教育水平越高;年龄越大,受教育水平越低。

表1-5 受教育年限与年龄组交叉情况

单位:人,%

受教育年限	年龄组						合计
	0~16岁	21~30岁	31~40岁	41~50岁	51~60岁	60岁及以上	
0年	0 0.0	0 0.0	0 0.0	0 0.0	0 0.0	6 12.8	6 2.5
1~3年	0 0.0	0 0.0	0 0.0	7 7.9	5 12.2	16 34.0	28 11.6
4~6年	2 100.0	0 0.0	4 8.5	28 31.5	16 39.0	16 34.0	66 27.4
7~9年	0 0.0	14 93.3	38 80.9	50 56.2	16 39.0	5 10.6	123 51.0
9~11年	0 0.0	1 6.7	2 4.3	4 4.5	4 9.8	2 4.3	13 5.4
12年以上	0 0.0	0 0.0	3 6.4	0 0.0	0 0.0	2 4.3	5 2.1
合计	2 100.0	15 100.0	47 100.0	89 100.0	41 100.0	47 100.0	241 100.0

说明:Pearson卡方检验,值为112.440,自由度为25,渐进双侧Sig.值为0.000;24单元格(66.7%)的期望计数少于5;最小期望计数为0.04。

以下就问卷中所包含的家庭信息进行分析。

家庭人口分布。从家庭人口分布情况看,3口之家和4口之家的家庭最多，这两种类型家庭占了近一半的家庭，而6口以上的家庭已经比较少。从统计描述上看，钱庙的家庭人口最少为1人，最多为10人，家庭平均人口为3.59人，中位值为3人，标准差为1.54人（见表1-6、表1-7）。由此可见，钱庙村的人口规模偏小，整体而言，人口规模较为整齐，相差不大。从我们的调查情况来看，家庭小型化在农村较为普遍，传统上的几世同堂的大家庭在农村并不多见。随着年轻人观念的改变，核心家庭已经成为他们的首要选择，即使父母同住村内，但是一旦子女成家之后，也普遍地与子女分家，家庭小型化已经成为一种趋势。

表1-6　家庭人口分布

单位：人，%

家庭人口数	1	2	3	4	5	6	7	8	10	合计
频率	20	46	69	66	37	22	4	3	1	268
百分比	7.5	17.2	25.7	24.6	13.8	8.2	1.5	1.1	0.4	100.0

表1-7　家庭人口的描述

项目		统计量	项目	统计量
均值		3.59	方差	2.37
均值的95%置信区间	下限	3.40	标准差	1.54
	上限	3.77	极小值	1
5%修整均值		3.54	极大值	10
中值		3.00		

家庭的类型分布。从家庭类型分布来看，核心家庭是钱庙村的主要家庭类型，占44%，此外主干家庭也占29.1%（见表1-8）。而传统社会较为普遍的联合家庭在钱庙仅占2.2%。此外，夫妻家庭，包括刚结婚没有子女，以及子女已经分家的老年夫妻家庭，也占

了11.5%的比例。家庭类型也反映了家庭人口数量的情况，实际上，占家庭类型绝大多数的家庭类型——核心家庭、主干家庭和夫妻家庭的人口数量都比较少，集中在2~4人。随着人们居住条件的改善，联合家庭会越来越少。从数据反映情况看，钱庙的单亲家庭和单身家庭也占有相当的比例，单亲家庭14户，占5.2%。这些单亲家庭，尤其是母亲单亲家庭，应该受到政府和社区特殊的关爱和照顾；单身家庭有20户，占7.5%，而那些农村大龄"光棍"，受到各种条件的制约没有结婚，也没有子嗣，他们的生存境况和社会保障状况，是值得深入研究的问题。

表1-8 家庭类型分布

单位：户，%

类　别	频　率	百分比
核心家庭	118	44.0
主干家庭	78	29.1
单亲家庭	14	5.2
联合家庭	6	2.2
夫妻家庭（没子女）	3	1.1
夫妻家庭（子女分家）	28	10.4
单身家庭	20	7.5
合　计	267	99.6
系统缺失	1	0.4
合　计	268	100.0

家庭代数分布。从家庭代数来看，与上述家庭类型相对应，两代家庭占了一半以上的比例，此外，一代家庭和三代家庭各占了近1/4，而四代家庭仅3户，占了1.1%，五代家庭1户，占了0.4%（见表1-9）。这与我们上述家庭规模小型化和家庭类型核心化相一致。

表 1-9　家庭代数分布

单位：户，%

代　数	频　率	百分比
1	62	23.1
2	136	50.7
3	65	24.3
4	3	1.1
5	1	0.4
合　计	267	99.6
系统缺失	1	0.4
合　计	268	100.0

家庭夫妻对数分布。从家庭夫妻对数不难看出，一对夫妻家庭占据了大多数，达到63.1%，这与核心家庭和夫妻家庭类型的分布相一致。此外，2对夫妻家庭也占了21.3%的比例，这种家庭中老夫妻与其中一个儿子夫妻居住的模式居多，也符合农村的传统。而3对夫妻的家庭仅7户，占了2.6%（见表1-10）。可以预计，随着社会变迁以及计划生育实施后家庭子女减少，农村一对夫妻家庭将有不断增多趋势。

表 1-10　家庭夫妻对数分布

单位：户，%

对　数	频　率	百分比
0	7	2.6
1	169	63.1
2	57	21.3
3	7	2.6
合　计	240	89.6
系统缺失	28	10.4
合　计	268	100.0

从数字反映出的钱庙村家庭情况看,有如下特点:一是家庭规模小型化,家庭人口数主要集中在 3~4 口人;二是家庭核心化,核心家庭在整个家庭类型中比例较大,主干家庭也有相当比例;三是家庭代数减少,主要为一代和两代家庭;四是家庭夫妻对数减少,主要集中在一对夫妻。

第三节　钱庙村走上振兴之路

中国农村税费改革之前,由于农民负担过重,农村干群矛盾较多。从 2000 年到 2003 年,安徽农村税费改革完成为农村社会稳定打下了基础,也为经济的发展创造了条件,同时为建立密切干群关系制度建设打下了基础。

与凤台县的其他乡村相比,钱庙村地理位置不占优势,长期以来都是以农业经济为主。2006 年领导团队变换之前的各届村领导干部擅长做农业经济工作。税费改革的前几年,特别是 1997 年到 2002 年,农民负担都很重,上访的较多,村干部们非常被动,干部与农民群众之间的关系非常紧张,村委会成员之间经常会发生分歧,这些都影响了工作效率的提高。一直到 2006 年钱庙村的经济发展不起来,负债达 30 多万元。

2006 年 4 月,遵照村民和村干部的要求,经上级批准,由刘利担任钱庙村党总支第一书记。刘利带领班子成员,首先从解决村里经济和社会发展中的矛盾着手,在村社会建设上建立了理事会制度。理事会是民间组织,有了这个组织,村民的话有地方诉说,有问题有人解决,开始把人心逐步引导到一心一意发展经济上来。这是钱庙村对社会管理模式的一个创新。理事会主要由村里退休的老同志和年长的知识分子、有威望的人员组成。理事会的主要职能是处理村民之间的纠纷，如打架斗殴、吵架拌嘴等事务。如果有大事，就上报村委会研究，小事则由理事会全权负责。理事会的成员由村里给予一定的工资补助。定期开展理事会。

理事会在社会事务处理中变管理为服务，村民有了问题可以有地方诉求，有了矛盾可以及时化解，所以深受人们欢迎。而且可以使村干部集中力量思考经济的发展。

在经济发展中，钱庙村是个农业村，没有资源，如何在没有资金和技术的条件下，走出一条致富之路？刘利是个企业家、高级经济师，他带领领导班子和村民经过反复讨论酝酿找出钱庙村长期贫穷的原因是没有发展乡镇企业。刘利认为："钱庙周围有许多的矿山，我们可以充分利用这些条件发展乡镇企业，如何发展乡镇企业，那就要正确处理好各种关系，走'三化'统筹之路。这条路怎么走？大家认为还是发展集体合作经济，走一条共同致富的道路。"

在钱庙村社区党委和村委会的领导下，钱庙村6年来迅速创办村办企业10余家，年产值达到4000万元。村民收入由2000元提升到10000元。近年来，钱庙村被评为省级新农村建设示范点。

第二章 钱庙村领导班子结构和领导力的提升

新时期我国农村正从传统农业向现代农业、从乡村经济向城镇经济、从传统社会向现代社会的急剧转型中。因此，作为乡村基层领导干部只有不断提高领导力才能适应这种变化。钱庙村新一届的党委和村委会认真学习党的方针政策，坚持"喊破嗓子不如作出好样子"，转变作风，苦干实干，带领全村人民在发展经济的同时不断加强社会建设。钱庙村的变化首先是从班子的结构和领导力的提升开始的。

第一节 领导班子的沿革和结构

从新中国成立后算起，历经郑楼乡钱庙党支部、钱庙人民公社钱庙大队党支部和钱庙人民公社钱庙大队（1964~1982年）、钱庙乡钱庙村党支部和钱庙乡钱庙行政村（1982~1994年）、钱庙乡钱庙村党支部和村民自治委员会（1994~2011年）、钱庙社区党委会和村民自治委员会（2011年至今）五个基本阶段。历任的党组织书记分别为刘立志、吕守义、吕守祥、刘学政、吕守宣、庞志武、王希友、刘学政、刘学平、钱继尧、刘学平、刘利。土地改革时期，钱庙村同全国一样，没收地主的土地都分给了农民，1957年的时候国家将土地收归集体，成立生产队、生产大队。1958年，全国上下开始了人民公社化运动，钱庙村顺应政策要求，与周边村一起成立了钱庙人民公社。

1964年，刘立志为钱庙大队的书记，李怀友是大队长，李伯珍是妇联主任。

1968年，吕守义当选为书记，在职两年，李怀友依旧任大队长，李伯珍任妇联主任。

1969年，吕守祥任书记，吕守义担任大队长，其余三个支委成员分别是李伯珍、李怀友、刘学政。在"文化大革命"时期，钱庙大队成立了革命委员会，吕守义担任钱庙大队革命委员会的主任，主要成员有刘学政、庞希括、吕守平。

1976年，"文化大革命"结束，刘学政任钱庙大队书记，吕守祥升为钱庙人民公社副书记，王希友是大队长。吕守义则扎根到社办企业中去了。

1979年，国家在全国推行"包干到户"，又重新将土地分配到户。

1982年，刘学政到公社渔场任党支部书记，吕守宣任钱庙行政村支部书记一年，庞志武任行政村村长。那时正值农村改革，人民公社改成乡，大队改成行政村。

1983年，庞志武任行政村支部书记，仅持续7个月。

1984 年,王希友任村支部书记,钱继尧任村长。

1985 年,刘学政回来接任钱庙村支部书记,钱继尧任村长。

1992 年,村长换成了刘学平,刘学政继续任记。

1994 年,村委会成立,刘学平任村支部书记,王希友担任村委会主任。

1997 年 5 月,钱继尧任村支部书记,栾登雨接任村委会主任。

2002 年,刘学平又当选为村支部书记,庞志武当选为村委会主任。

2006 年 4 月 25 日,刘利被任命为钱庙村党总支第一书记,刘学平任党总支书记,庞志武任党总支副书记、村委会主任。

2011 年 3 月省政协机关干部陈长龙任村党总支第一书记,刘利任党总支书记,刘学平任第一副书记,庞志武任总支副书记、村委会主任。

2011 年 7 月,中共钱庙社区党委成立,陈长龙担任社区党委第一书记,刘利任党委书记,刘学平任党委副书记、纪委书记,吕艳全任党委副书记,庞志武任村委会主任。

2011 年 8 月,第八届村委会换届,吕艳全当选为村委会主任。钱庙村各个时期领导干部基本上都是按法定程序通过村民自治委员会赋予的权利任命、选拔党员干部和村干部。

表 2-1 钱庙村 20 世纪 60 年代以来党政换届情况一览表

时　间	主要任职干部
1964~1966 年	刘立志任书记,李怀友任大队长、李伯珍任妇联主任
1967~1968 年	吕守义任书记,李怀友任大队长、李伯珍妇联主任
1969~1976 年	吕守祥任书记,吕守义任大队长、革委会主任

续表

时　间	主要任职干部
1976~1982 年	刘学政任书记,王希友任大队长
1982~1983 年	吕守宣任书记,庞志武村长
1983~1984 年	庞志武任书记,钱继尧村长
1984~1985 年	王希友任书记,钱继尧村长
1985~1992 年	刘学政任书记,钱继尧村长
1992~1994 年	刘学政任书记,刘学平村长
1994~1997 年	刘学平任书记,王希友任村委会主任
1997~2002 年	钱继尧任书记,栾登雨任村委会主任
2002~2006 年 4 月	刘学平任书记,庞志武任村委会主任
2006 年 4 月~2011 年 3 月	刘利到钱庙任第一书记,刘学平任书记,庞志武任村委会主任
2011 年 3 月~2011 年 7 月	省政协机关干部陈长龙任第一书记,刘学平任第一副书记,刘利任书记,庞志武任村委会主任
2011 年 7 月	钱庙社区党委成立,陈长龙任第一书记,刘学平、吕艳全任副书记,刘利任党委书记,庞志武任村委会主任
2011 年 8 月	第八届村委换届,陈长龙任第一书记,刘学平任副书记,刘利任书记,吕艳全任党委副书记、村委会主任

第二节　提升领导力　发展生产力

2006 年之前,刘学平担任村支部书记。他精通农业生产对工业化、城镇化和农业现代化建设不够熟悉,钱庙村不能沿着这条路走下去了,于是他主动让贤,向上级提出要求,推荐农民企业家刘利回村担任书记。

2006 年经组织推荐,刘利担任了钱庙村的第一书记,2011 年 8 月,第八届村委换届,吕艳全继任村委会主任,陈丽担任会计,组建了新一届的领导班子。刘利带领大家转变发展思路,从"三化"

统筹着手发展经济，带领钱庙转型，走上了一条工业化、城镇化、农业现代化之路。这是钱庙发展的新起点。

改变落后面貌是一场艰苦的劳动，有时要以生命相许。村委会主任吕艳全全身心地投入改变钱庙村面貌的斗争中。他身体比较弱，即使是在 B 超检查时发现肝脏上有一些小亮点的情况下，他仍然没有停止工作，满腔热情地、全身心地投入钱庙村小城镇建设中，日日夜夜的工作耽误了最佳治疗时间，以致从得知病情到因病去世只有 3 个月时间。

村干部和课题组在企业访谈

钱庙村的老百姓都感到非常惋惜，吕艳全主任的这种奉献精神深深感动了大家，也鼓励了越来越多的人投身到改变钱庙的事业中来。会计陈丽，大学毕业，在村委会成员中学历是最高的，甘愿留在钱庙。在她看来，在基层，能够经常看到农民们最朴实最善良的一面，而且能够帮助他们解决问题，为钱庙的发展和村民的富足贡献自己的一份力量，人生的价值和理想也可以实现，个人也很有成就感。

由于钱庙村干群共同奋斗和努力，6年来，钱庙村自力更生，走出了一条乡村工业化、城镇化的集体致富道路。在钱庙社区党委和村委会的坚强领导下，他们在集体合作经济的路上越走越宽广。2011年，社区企业生产总值突破4000万元，实现利税460余万元；村民（股东）从企业中分得红利总额153万元。2011年，社区村民人均纯收入9465元，高于凤台全县人均收入平均水平；社区集体经济收入130余万元，集体可利用资金300万元。村民收入主要来自企业分红所得和粮食产量的提升所增加的收入。当前，钱庙村的财力在全县的排名为三四位。钱庙村从此走上了共同富裕的新农村建设之路。

第三节　坚持创新　一心一意谋发展

一　转变经济发展思路，推进钱庙转型

过去钱庙的领导干部在经济发展上长期存有观望、消极应对的态度，认为只有依靠矿产资源才能发展经济，而钱庙并没有资源优势，加之四面环水，水涝灾害时有发生，因而认为钱庙没有经济发展的潜力。

刘利在上任之初的3个月中，连续召开了108次会议，带领大家学习当前的国家方针、政策，把干部们的思想引导到经济发展上

来，让大家了解到钱庙存在的优势和不足，使大家坚信，只要能及时转变经济发展方式，调整产业结构，创新发展模式，走集体合作经济之路，钱庙的经济就大有作为。

二 创办新型股份制集体企业，"三化"统筹

刘利初上任时，针对钱庙欠下的债，以通和公司（刘利所在的机械厂）为平台，向公司借出40万元，还清村子的债务，并购置了基本的办公设施。刘利在发展乡村工业化上，组织全体干部参股，办了个小型机械厂，接收来自通和公司（大机械厂）空白项目的订单来生产。从他长期的企业工作经验中得出，合作经济在目前形势下比集体经济更加有优势，而干部作为榜样应当积极投身于合作经济之中。此后还相继创办了实在商场、新型材料厂、农业合作社、幼儿园、医院、休闲农庄等集体企业。钱庙村底子薄，必须坚持"三化"统筹，一手抓好农业一手抓好工业，实现跨越式可持续发展。

第四节 钱庙村社区党委的作用分析

新形势下如何充分发挥党组织的战斗堡垒作用和党员的先锋模范作用，是党的建设特别是基层党组织建设面临的一个重大课题。在走访中，我们真实感受到钱庙社区党组织能够结合社区实际情况，充分发挥基层党组织作用，勇于实践，成功摸索出一套基层党建工作机制，科学、规范、务实、管用，具有积极的示范效应和借鉴意义。

钱庙社区党委于 2011 年 7 月正式成立,是淮南市第一个农村社区党委,下设 10 个党支部,现有党员 176 人。近年来,社区党委以"创先争优"为目标,围绕"抓好党建促经济"的指导思想,团结和带领广大村民大力调整产业结构,强力发展村办企业和个体私营经济,扎扎实实为群众办实事、办好事、谋发展,全村呈现出班子稳、人心齐、村内经济发展、村民安居乐业的良好局面,实现了两个文明建设的快速发展。社区党组织 2006~2008 年被中共凤台县钱庙乡委员会命名为"五个好党支部";2008~2009 年被中共凤台县委命名为"五个好基层党组织";2009~2010 年被中共淮南市委命名为"五个好先进基层党组织"。

一 加强党员干部队伍建设,切实发挥党组织战斗堡垒作用和党员的先锋模范作用

多年来,钱庙社区党委始终把加强领导班子自身建设作为一项首要工作来抓,把争创"五个好"先进基层党组织和争创优秀共产党员作为工作目标,严格遵守基层党组织的各项工作制度。该社区为了提高党员干部自身素质,制定了一系列规章制度,比如,每周两委联席会和理论中心组学习制度,按月召开民主生活会,每季度召开一次党员大会、上一次党课等等。在党员队伍建设上,一方面加强社区干部和党员的经常学习教育机制,不断提升干部的知识水平;另一方面,结合无职党员设岗定责活动,为 146 名无职党员合理设置十个岗位,明确各个岗位内容,使广大无职党员"无位有为",党员的先锋模范作用得到了有效发挥,党员的先进性得到较好体现。为了鼓励党员干部的热情，社区党委每季度召开一次党员大会，按照岗位职责评定两个优秀岗位和10名爱岗敬业先进党员，形成"立足本职争先进，履职尽责争优秀"的良好氛围。同时社区党委以"围绕发展抓效能，抓好效能促发展"为重点，通过落实岗位责任制，完善监督机制，形成以制度管人、靠制度办事的良好风气，真正使领导班子和党员队伍的凝聚力和战斗力得到明显加强。我们在调研中，挖掘出许多行之有效的规则，比如社区党委制定了严管党员干部的"三条红线"：①中午禁酒；②不贪污、不受贿；③不接受群众的吃请。要求党员干部严格遵守，如干部违背，立即停职。

社区党委还积极创新基层党组织工作，在党员队伍中开展"四个一"工程：每个党员每月至少捐一元钱；每个党员每月至少做一件好人好事；每个党员每月向所在支部提一条合理化建议；每个支部每月看望一次特困户或五保老人。该工程效果显著，仅2012年以来，社区党委共收到党员的捐赠款5000余元，慰问了特困户或受灾户30多户，收到合理化建议100多条，全体党员做好人好事400多件。

二 创先争优促发展，确保全村农民群众生活水平新提高

过去的钱庙村，偏僻、闭塞，可谓一穷二白，外欠债有30多万元，如何改变钱庙村面貌？在扎实开展创先争优活动中，钱庙村注重筑牢铸强"堡垒"，不断探索工作机制，村主要领导深入组户、调研走访，排查梳理问题20余条，对村民反映强烈的民生实事，村党组织作出公开承诺，并一一落实解决。村党总支一班人经过充

分论证,认识到农村基层党组织作用的发挥关键在于办好事、办实事、办群众欢迎的事。支部是盏灯,党员是面旗,群众看党员,党员看干部,只有党员干部干起来,才能带动群众跟上来。村党组织坚持把发展集体经济作为头等大事来抓。村党组织书记刘利一直在冥思苦想,如何发展壮大村集体经济。他深知,钱庙村人多地少、劳力过剩,靠土地再刨也难刨出"金娃娃",必须发展壮大村集体经济,只有以坚实的集体经济做后盾,群众富裕才能有保证。村党组织提出"一年起步、两年变样、三年翻番"的目标。经过精心谋划,先后创办了钱庙村机械配件加工厂、钱庙村民益轮窑厂、钱庙村建筑队、钱庙村石料厂、钱庙村洗煤厂、钱庙村实在商场、钱庙村加油站等11家集体企业。解决了400多人的就业问题。由于经营有方,管理科学,村集体企业欣欣向荣,2011年,企业年总产值超过4000万元,集体收入400余万元,村民在集体企业中入股的分红近300万元。2011年引进资金800多万元,成立凤台县钱庙乡梦旅轻纺箱包有限公司,解决了260多人的就业问题。社区村民从事第二、第三产业的劳动力,已占总劳动力的92%以上,现在形成人人有活干、人人有事做的良好局面。2011年村民人均纯收入达9465元,村民来自第二、第三产业的收入占总收入的85%以上,远远高于全乡人均纯收入6980元的平均水平。2012年,集休闲、旅游、农事体验为一体的"钱庙社区淝水湾休闲农庄"已累计投资1600余万元,一期工程基本完工,二、三期正在筹建。

三 致力于民生工程,办实事,谋民利,凝聚民心,提升村党组织和党员干部在广大群众心目中的良好形象

社区党委始终坚持情为民所系、利为民所谋,把为民办实事

列入社区党委的重要议事日程,随着集体企业的发展,集体收入的增加,社区党委制订了"以工哺农、予民实惠"的方案。创先争优活动开展以来,社区两委筹集资金500多万元,对全村的水利设施及生产、生活路面进行了整修,新建防渗渠道1580米,生产桥涵16处,铺修水泥路面6.3公里、砂石路面1.6公里,栽植行道常青树1860余棵,新建农村饮水工程1处、扩建了村民健身广场1000平方米,安装了66盏路灯,配备专职保洁员17名,做到生活垃圾日产日清,彻底改变了家前屋后污泥浊水的状况,大大改善了村民的生活、生产环境。村牵头成立了"民悦"农业合作社,所有农业生产资料由合作社统一采购,合作社为社员提供统一耕作技术、病虫害统防统治。社员在领购生产资料时,只需付采购价格,费用由村里集体补贴,群众真正得到了实惠,对村党组织又多了一份信任。为了让农村居民享受到城里人的就医、入学等生活条件,社区建成了860多平方米的社区卫生室,花费60余万元,购置了彩超、全自动血流变分析仪、全自动生化分析仪等一批先进的医疗诊断设备,并每年为全村老年人免费体检。投资300余万元,建成了软硬件一流的钱庙乡润宝中心幼儿园,让农村的孩子也享受到优良的学前教育,这些钱真正用到了老百姓的心坎上。

钱庙社区党委能够立足实际,充分发挥基层党组织的作用,不断地探索发展钱庙地区经济的新思路,大力发展集体经济,获得了群众的赞誉,村容村貌发生了翻天覆地的变化,村民的素质也有了不断的提高。现在当你走进钱庙社区的时候,你会目不暇接:高产农田示范区涌金流翠,硬质化水渠纵横交错,水泥路四通八达，座座别墅式小楼掩映在绿树丛中，商业街，店铺林立，人群川流，兴旺繁荣；社区服务中心精致实用，年轻人在健身广场中锻炼，学生们在图书室探求未知的知识。当今，全村谋发展、当先锋，在组织堡垒带动下干劲十足，谱写着经济和社会事业华丽篇章。

第五节 钱庙村社区党委和以刘利为书记的团队领导力分析

领导力（Leadership）就是指在管辖的范围内充分地利用人力和客观条件在以最小的成本办成所需的事提高整个团体的办事效率。领导力包括宏观的决策能力、管理团队的能力以及领导者的个人魅力。就钱庙的领导力而言，它是在以刘利为书记的社区党委领导下，党员带头，通过学习，不断提高决策力、执行力和感知力的过程中形成的。

一 抓住机遇，不断创新

刘利是一个不断挑战现状的人，总是走在别人的前头。当别人还沉浸在国有集体"大锅饭"的时候，他已经开始做买卖粮食的生意，当别人知道做粮食生意赚钱的时候，他已经转战面粉厂，实行股份制。钱庙窑厂（1990～1992年）、农机修配门市部（1992年）、销售手扶拖拉机等农用机械（1993年）、涉足房地产（1994～1995年）、农用机械厂（1995年）、制造小型收割机、播种机（1996年）、生产小型挖掘机（1996年）、农用机械转向矿产机械、配件的生产（1998年），这些企业他都经营过。每一次转换他都懂得分析形势，抓住机遇。比如1998年下半年，由于长期下雨，田涝严重。厂里的收割机等农用机械销量很差，企业陷入低谷。恰逢当时，煤矿开采业大规模发展起来，1999年下半年，刘利将厂里生产的主要产品由农用机械转向矿产机械和配件的生产上。从2001年到现在，企业发展良好，高峰期年最高产值达5000多万元。正是在企业中积累起来的经验和胆识谋略，使得刘利及他的团队在党委村委工作中也能够做到大胆假设，小心求证，不断为钱庙的经济社会发展创造新的动力，从完全的集体合作经济到集体合作经济主导，私营个体经济补充发展，钱庙的经济发展得更灵活了。

二 发扬奉献精神，为老百姓谋福利

刘利是土生土长的钱庙人，他对这块土地有着深厚的感情。2006年，在乡党委主要领导同志和村两委的推荐下，刘利回到钱庙村担任党总支第一书记。自从当上钱庙村第一书记开始，他就将主要精力放在处理村里的公务上，而他对自己企业的关注就少了。为此，仅刘利个人每年的收入就减少了上百万元。但刘利觉得这样做是值得的，因为能为钱庙村多办点实事。他常说，一个人的富裕不是真的富裕，只有大家都富裕了才叫富裕。

三 锐意改革，全心全意搞发展

刘利上任后，带领大家学习国家的经济发展方针和政策，确定走集体合作经济的路径。通过采用股份制，一方面筹措了资金，另

一方面也调动了村干部和农民的积极性。刘利团队在社区党委的领导下一心一意搞建设，集体经济不断壮大，涉及超市、石油、建筑、煤矿、机械等领域。基础设施的建设温暖了钱庙老百姓的心，在群众中形成了非常好的口碑。

四　在发展经济中充分发挥党组织和党员的作用

钱庙村大胆地吸收优秀的同志入党，每年入党的大概有十几人。每月每个支部都要召开党员大会，年底还要召开全体党员大会。村里发动党员、干部和群众代表向华西村学习，这样的活动也举办了四五次，收获很大。每周的周末，村里的干部都对企业和企业内部存在的问题进行研究讨论，提出合理解决措施。刘利常传达一些县乡的会议精神，鼓励干部多看电视，多听新闻，学习党和国家的大政方针政策。

五　重视民生，关注老人和孩子

刘利团队非常重视幼儿教育和老年人的健康。不仅建成了乡里甚至是县里水平的幼儿园，改善了幼儿园的基础设施和师资力量，还关注孩子们的饮食卫生和营养。他们始终认为孩子是钱庙未来的希望。

他们坚持"社区建设，孝字当先"，每年为老人免费体检两次，为了满足老人的特殊需要，购置了先进的医疗设备，使其"老有所养""病有所医"。

六　注重倾听，疏解矛盾

刘利办事处处事事注意和群众商量，倾听他们的意见。想群众所想，急群众所急。他认为只有了解各方意见，集中群众的智慧找

钱庙村幼儿园

到处理问题的方法。如村里修缮村头的下水道,每家需要出一定的费用,这个费用村里面都是按照成本价来收取的。虽然大部分村民会交这个费用,但是也有一小部分人思想觉悟不高,不能积极配合村里面的工作。最后,他们也做了一些分析,主要原因还是这些人家自身的家庭条件不是很好,有的家庭还是低保户,或者病重的。村里通过和村民访谈协商,制定了一些措施,一方面加大宣传力度,重点做好个别人的思想工作;另一方面,对家里确实有困难的,给予一定的补助,帮他们渡过难关。

七 一诺千金,建立信用机制

刘利团队讲信誉、讲诚信、有威信。刘利做企业,无论是起初的粮食买卖还是后来承包轮窑厂,一个个企业在他手里扭亏为盈并实现利润的骤升，更重要的是按时兑现股份合作中的分红承诺。2006年接手钱庙村第一书记职位，他要求在一年内实现村财政的盈余，结果在他带领下不仅还清了外债还实现了盈余。正是这样不断的承诺——兑现，不断地积累这样的信誉无形资产，才使得百姓愿意追随他。他的这种信誉源于他为人民谋福利的愿望，村里通过发展集体经济改善了集体收入状况，为了带动更多的村民致富，刘利一班人鼓励村民入股，没有资金的村民可以以土地等作为股金入股，采用多种形式，让村民分享集体经济带来的分红。

八 着眼发展，谋划未来

刘利团队多次召开会议讨论钱庙的发展目标问题，到华西村等地方学习发展经验，力图搞活钱庙的经济。他们的目标就是建立一个共同富裕的钱庙村，并绘制了钱庙村未来五年的发展蓝图。首先通过上项目，办工厂，发展工业办企业的目的就是增加农民收入。其次要继续办好集体经济，带动整个村的发展。再次在物质文明建设的同时，重视发展精神文明建设。使钱庙的老百姓家家有存款、有车子、有房子。为此，他们在钱庙村的广场中心树立了一个"托起未来"的雕像，表达他们对未来的憧憬和向往。

刘利团队正是通过自己的行动形成了一个凝聚力、战斗力、执行力、感召力的领导团队。

第六节 钱庙村村民政治参与与政治评价

农民作为当前最大的社会群体，其政治参与与政治评价状况对我国民主政治的健康发展有着至关重要的影响。因此，研究当前农民政治参与的行为方式与途径及政治参与的评价，对促进农村政治制度的完善和发展具有重要意义。课题组对安徽省凤台县钱庙村村民政治参与与政治评价状况做了问卷调查。问卷围绕村民政治选举、村务参与及政治评价几方面内容，共设计了13个相关问题，其中有效问卷共计250份，无效问卷18份。

一 钱庙村民的政治参与状况

村民的政治参与主要体现在政治选举和村务参与两个方面。第一，村民对于村落政治选举的参与度较高。从问卷中我们发现，80%的村民参与了村庄的村委会选举，这个参与率在农村地区是相对较高的（见表2-2）。说明钱庙村村民对于本村政治选举事务有着较高的关注度、参与度和选举的积极性。

表2-2 您是否参加了最近一次的村委会选举？

单位：人，%

类　别	频　率	百分比	有效百分比
参加了	200	74.6	80.0
没参加	50	18.6	20.0
合　计	250	93.3	100.0
系统缺失	18	6.7	
合　计	268	100.0	

第二，村民参与政治选举的形式较公正。到会画选票、流动票箱投票和在家画选票是最多的三种形式。从投票形式上看，这种选举较为合乎选举的规范，尽量避免了基于选举形式上的不公正（见表2-3）。

表 2-3　您参加了最近一次村民委员会选举，您是以什么形式参加的？

单位：人，%

类　别	频　率	百分比	有效百分比
到会举手或唱和	5	1.9	2.1
到会画选票	108	40.3	44.6
在家画选票	45	16.8	18.6
在村民小组画选票	13	4.9	5.4
托人带话	5	1.9	2.1
在流动票箱投票	58	21.6	24.0
其他	8	3.0	3.3
合　计	242	90.3	100.0
系统缺失	26	9.7	
合　计	268	100.0	

第三，村民参与村务的积极性较高，途径畅通。从村民参与村民小组会议的出席情况看，村民对村民小组会议的参与积极性也比较高，能够每次都参加的比例超过了两成，参加了大部分的村民达到了38.4%，而从未参加的村民仅占到11.6%（见表2-4）。

表 2-4　2011 年村民小组召开的村民会议您或您家人出席情况？

单位：人，%

类　别	频　率	百分比	有效百分比
每次都参加	53	19.8	20.5
参加了大部分	99	36.9	38.4
参加了少部分	75	28.0	29.1
从未参加	31	11.6	12.0
合　计	258	96.3	100.0
系统缺失	10	3.7	
合　计	268	100.0	

村民对当前村里最急需解决的大事的认识，集中在发展村集体经济和完善村庄的社会福利两方面。44.4%的村民认为村里应该集中力量发展和壮大集体经济，也只有在集体经济壮大的基础上，村庄的社会福利才能一步一步地完善（见表2-5）。此外，一部分村民也提出了要进一步加强农业基础设施建设，以及进一步搞好学校教育等。可见，村民的诉求是多方面的，但是大部分村民能够把握村庄发展的要点，在村庄经济发展基础上要求不断完善各项社会事业。

表2-5 您认为当前您村最急需解决的大事是什么？

单位：人，%

类别	频率	百分比	有效百分比
选村支部书记	1	0.4	0.4
决定土地承包办法	2	0.7	0.8
划拨宅基地	4	1.5	1.5
计划生育	3	1.1	1.1
村务公开	1	0.4	0.4
社会治安	10	3.7	3.8
学校教育	21	7.8	8.0
发展村办企业	116	43.3	44.4
加强农业基础设施	29	10.8	11.1
完善社会福利	59	22.0	22.6
环境保护	15	5.6	5.8
合计	261	97.4	100.0
系统缺失	7	2.6	
合计	268	100.0	

另外，村民有意见或建议的反映途径也很通畅。从问卷分析看，直接找村委会领导和通过村民小组是最主要的途径。37.5%的村民选择直接找村委会领导反映情况；31%的村民选择通过村民小

组（见表 2-6）。无论通过哪种途径，村民反映意见和建议的道路在钱庙村是比较畅通的。

表 2-6 对村里的事有意见或建议您通常通过什么渠道反映？

单位：人，%

类 别	频率	百分比	有效百分比
通过村民小组	81	30.2	31.0
通过村民大会	40	14.9	15.3
直接找村委会领导	98	36.6	37.5
直接找党支部	27	10.1	10.3
背后议论	5	1.9	1.9
不反映	10	3.7	3.8
合 计	261	97.4	100.0
系统缺失	7	2.6	
合 计	268	100.0	

二 钱庙村村民的政治评价

钱庙村村民的政治评价主要涉及两方面，一是对村干部的经济收入、社会威信、办事能力、行为公正性方面的评价。二是对村民代表大会的评价。

第一，对村干部的认识。首先，村民对村干部经济收入的认识。认为村干部收入高（包括"很高"和"较高"）的比例超过 1/3，而近一半的村民认为村干部的收入与普通村民差不多（见表 2-7）。在农村，村干部的经济收入虽然不涉及村庄政治的核心，但是村干部的收入是否合理，牵涉到他们在村民中的形象和权威。一方面，村干部要在一定程度上在村庄里起到致富带头作用，因此，应该保持较高的收入；另一方面，还要引导其他村民走上致富道路，又不能和村民的收入差距拉得过大。

表2-7 您认为您村的干部工资性收入怎样？

单位：人，%

类　　别	频　率	百分比	有效百分比
很高	9	3.4	3.4
较高	82	30.6	31.3
与村民差别不大	124	46.3	47.3
低于村民水平	13	4.9	5.0
说不清	34	12.7	13.0
合　计	262	97.8	100.0
系统缺失	6	2.2	
合　计	268	100.0	

我们分析村民对村干部能力的认可程度。从表2-8看，村民对村干部能力的认可程度是比较高的。认为村里的主要干部办事能力很高和较高的比例达到近八成。只有17.9%的村民认为他们办事能力一般。可见，钱庙村干部办事能力在村民中有着较高的认可度。

表2-8 您认为您村的主要干部办事能力怎样？

单位：人，%

类　　别	频　率	百分比	有效百分比
很高	100	37.3	38.2
较高	106	39.6	40.5
一般	47	17.5	17.9
较低	1	0.4	0.4
说不清	8	3.0	3.1
合　计	262	97.8	100.0
系统缺失	6	2.2	
合　计	268	100.0	

那么村民对村庄主要干部处理事情的公正性怎么认识呢？问卷反映，六成以上的村民认为村庄主要干部做事公正，但也有两成的村民认为他们有时不公正。但总体上说，村干部做事的公正性得到了大部分村民的认可（见表2-9）。

表2-9 您认为您村的主要干部处理事情的公正性怎样？

单位：人，%

类 别	频 率	百分比	有效百分比
公正	172	64.2	65.6
有时不公正	53	19.8	20.2
不公正	5	1.9	1.9
说不清	32	11.9	12.2
合 计	262	97.8	100.0
系统缺失	6	2.2	
合 计	268	100.0	

较高的威信是村干部行使权力、动员群众的基础。那么村民对村干部威信的认识如何呢？问卷反映，村民对村干部的威信持肯定态度的占了绝大多数，认为村干部"有很高威信"和"有威信"的比例超过了八成，但也有14.5%的人认为他们的威信一般（见表2-10）。可见，钱庙村的村干部在村民中保持了较高的威信，这是他们得以让群众信服、开展村庄治理和发展村庄经济社会等事务的前提和动力。

表2-10 您认为您村的主要干部威信怎样？

单位：人，%

类 别	频 率	百分比	有效百分比
有很高威信	110	41.0	42.0
有威信	103	38.4	39.3

续表

类　别	频　率	百分比	有效百分比
一　般	38	14.2	14.5
威信不高	11	4.1	4.2
合　计	262	97.8	100.0
系统缺失	6	2.2	
合　计	268	100.0	

从村民对社会地位高的人的认识我们可以发现，有文化/学历的人获得了最高的认可，有超过1/3的村民认为这些人应该取得较高的社会地位和经济收入。可见，村民对知识和文化有着较为朴素的敬重感。此外，"社会关系广的人"和"勤奋努力的人"也获得了相当比例的村民的认同，认同这两类人应该成为社会地位高和经济收入高的人的比例分别为17.9%和16.8%（见表2-11）。我们也看到，认为当干部的人可以获得较高的社会地位和经济收入的村民比例并不高，仅占5.3%，可见，人们对干部的社会地位还缺乏认同，这也与当地村干部在村庄中的现实处境相一致。

表2-11　您认为在您的村里，具有什么样能力的人可以获得较高的社会地位和经济收入？

单位：人，%

类　别	频　率	百分比	有效百分比
有文化/学历的人	89	33.2	34.0
当干部的人	14	5.2	5.3
有资产的人	36	13.4	13.7
社会关系广的人	47	17.5	17.9
家庭背景硬的人	21	7.8	8.0

续表

类别	频率	百分比	有效百分比
勤奋努力的人	44	16.4	16.8
说不清	11	4.1	4.2
合计	262	97.8	100.0
系统缺失	6	2.2	
合计	268	100.0	

第二，村民对村民代表大会的作用持较高的肯定，认为"作用大"的比例为37.3%，"作用一般"的占39.2%，绝大部分村民认为村民代表大会起了或多或少的作用，而认为"作用不大"的比例仅为7.7%（见表2-12）。

表2-12 您认为村民代表会议作用大不大？

单位：人，%

类别	频率	百分比	有效百分比
作用大	97	36.2	37.3
作用一般	102	38.1	39.2
作用不大	20	7.5	7.7
说不清	41	15.3	15.8
合计	260	97.0	100.0
系统缺失	8	3.0	
合计	268	100.0	

三 钱庙村村民政治参与与政治评价的主要影响因素

第一，部分村民对政治选举不感兴趣。对那些没有参与选举的分析我们发现，客观原因，如打工在外等没有参加村委会选举的比例最高，占到没有参加选举人数的53.6%（见表2-13）。如果全村加上这些客观原因而没有参加选举的村民，村庄政治选举的参与率更高，将超过九成。但是，我们也发现，在全村有4.1%的村民对选举不感兴趣，有5.2%的村民不知道。对于这部分村民没有参与选举，还要进一步分析原因。

表2-13 您没有参加最近一次村委会选举的原因是什么？

单位：人，%

类别	频率	百分比	有效百分比
不感兴趣	11	4.1	15.9
不在家	37	13.8	53.6
不知道	14	5.2	20.3
其他	7	2.6	10.1
合计	69	25.7	100.0
系统缺失	199	74.3	
合计	268	100.0	

钱庙村调查中共计有11人对政治选举"不感兴趣"，其中男9人，女2人；农业户口的10人，非农业户口的1人。他们的平均受教育年限为7.78年，高于总体村民6.76年的平均受教育年限。

通过对政治选举表现出"不感兴趣"的村民分析发现，他们对村干部的威信认同度低，仅有27.3%的人认为村干部"有很高威信"，显著低于全体村民42%的比例。9.1%的人认为主要村干部"威信不高"（见表 2-14）。虽说有 45.5% 的人对村干部有威信表示肯定，但是很大一部分有顾于熟人情面的成分。

表 2-14 您认为您村的主要干部威信怎样？

单位：人，%

类 别	频 率	百分比	有效百分比
有很高威信	3	27.3	27.3
有威信	5	45.5	45.5
一般	2	18.2	18.2
威信不高	1	9.1	9.1
合 计	11	100.0	100.0

对村干部认同度低是因为当前影响我国基层政治选举的因素很复杂，人际交往广的人凝聚性强而文化学历高的人具有明显的教育优势，往往很多因素作用后，选举出来的结果与他们的认识差距太大，所以这部分人对政治选举表现出"不感兴趣"。这部分人认为"个人勤奋努力"是获得较高社会地位和经济收入的最重要的因素，不同于其他村民将个人文化学历看做是获得社会地位和经济收入的首要因素。虽然有 27.3% 的人认为具备这些能力的人"文化教育程度高"和"社会关系广的人"可以获得较高的社会地位和经济收入。但是与整体村民比较来看，这些对政治选举不感兴趣的人更加看重个人的勤奋努力，有 36.4% 的村民认为勤奋努力的人更应该获得较高的社会地位和经济收入（见表 2-15）。正是这样的认识差别，导致他们不愿意参加影响因素复杂的政治选举。

表 2-15 您认为在您的村里,具有什么样能力的人可以获得较高的社会地位和经济收入?

单位:人,%

类别	频率	百分比	有效百分比
有文化/学历的人	3	27.3	27.3
社会关系广的人	3	27.3	27.3
家庭背景硬的人	1	9.1	9.1
勤奋努力的人	4	36.4	36.4
合计	11	100.0	100.0

第二,村务公开的程度不够。通过对村务公开情况的分析发现,村里村务公开并不乐观,只有15.4%的村民对村里财务开支情况"知情",46.1%的村民只是"知道一部分",而"不知情"的村民达到38.6%(见表2-16)。钱庙村村民对村里财务开支状况不知情的共计有98人,男的占74.2%,女的占25.8%。

表 2-16 对村里的财务开支情况您是否知情?

单位:人,%

类别	频率	百分比	有效百分比
知情	39	14.6	15.4
知道一部分	117	43.7	46.1
不知情	98	36.6	38.6
合计	254	94.8	100.0
系统缺失	14	5.2	
合计	268	100.0	

村务公开的透明度如何在一定程度上影响到村民的政治参与与政治评价。对村财务开支情况不知情的村民有28.3%的人没有参加

最近一次的村委会选举。他们对村干部的政治评价也因此降低,有24.7%的人认为主要村干部能力一般,3.1%的人认为村干部威信不高。

可见,如何提高村务公开的程度、做好村务公开的宣传工作,钱庙村还需要进一步做好工作,进一步赢得群众信任。

第三,村干部处理事情的公正性不强。分析看出,钱庙村共计有53人认为村干部有时处理事情不公正,其中男的47人,女的6人。干部处理事情的公正性严重影响到村民对干部的政治评价。他们中认为主要干部的办事能力"很高"的只占3.8%,认为"一般"的达到了35.8%(见表2-17)。

表2-17 您认为主要干部办事能力怎么样?

单位:人,%

类 别	频 率	百分比	有效百分比
很 高	2	3.8	3.8
较 高	30	56.6	56.6
一 般	19	35.8	35.8
说不清	2	3.8	3.8
合 计	53	100.0	100.0

认为村里干部"有很高威信"的只占5.7%,对干部威信评价为"一般"的占28.3%(见表2-18)。

表2-18 您认为村里主要干部的威信怎样?

单位:人,%

类 别	频 率	百分比	有效百分比
有很高威信	3	5.7	5.7

续表

类 别	频 率	百分比	有效百分比
有威信	34	64.2	64.2
一般	15	28.3	28.3
威信不高	1	1.9	1.9
合 计	53	100.0	100.0

村干部的政治评价直接影响村民的政治参与。对认为村干部处理事情"有时不公正"的村民进行分析发现，他们中有5.8%的人没有参加最近一次的村民选举。

第三章　钱庙村的经济结构和"三化"统筹

农村人口众多、经济社会发展落后是当前我国农村发展的现状。要解决农村问题，必须实现农村现代化。被称为"发展经济学之父"的张培刚教授在《农业与工业国》中提出：农业国家或经济落后国家要想做到经济起飞或经济发展，就必须全面实行"工业化"（城市和农村），不仅包括工业的机械化和现代化，而且也包括农业的现代化和农村的工业化。工业化、城镇化和农业现代化是农村现代化的基础。农村现代化还体现在生产发展、生活宽裕、乡风文明、村容整洁、管理民主。凤台县钱庙村经过6年多的奋斗，从一个负债30多万元的小乡村，成为集体收入几百万元的村庄。仅2011年，企业总产值已突破4000万元，利税达460万元，集体经济收入达到130余万元。如今钱庙村的集体合作经济发展良好，农民增收显著，基础设施基本完善，人民安居乐业，是"省级新农村建设示范点"，走出了一条农村现代化之路。

第一节 钱庙村民悦专业合作社——农业综合服务化体系的新起点

为了解决好农业现代化过程中种子、化肥、农药等农资市场发育不足,以及农产品与市场、农业生产中的市场化服务联系不紧密等问题,成立农业合作社是建设农业综合服务体系的一个新的起点。2009年3月,由社区村委会牵头,采取了以工补农的方式,组建了"钱庙村民悦农作物病虫害机防专业合作社",99%的农户成为社员。推广并实行了农业上的"八个统一"(统一供种、统一施肥、统一供水、统一机播、统一开沟、统一防治、统一收割、统一销售)。

钱庙村民悦农作物病虫害机防专业合作社是钱庙村集体投资兴办的集体合作性质的农业经济专业合作组织,它以服务农业为宗旨,以工业反哺农业的形式,走自我发展、自我服务之路。该农村民间组织具有民营性质,是钱庙村民办、民管、民受益的自治组织,其出发点是维护农民利益,改善农民地位,提高农民组织化程度,提升农业市场竞争力。主要是为村民提供优质的种子、化肥、农药,还有技术指导,以进货价卖给村民农资,再以高于市场价10%的价格收购村民的种子,合作社的这一做法使全村粮食年增值130余万元。钱庙村农业收入的增加得益于农业合作社的成立。

钱庙村民悦农作物病虫害机防专业合作社的服务功能主要体现在农业生产资料的供应方面。购买农业生产资料是农民在农业生产中的必要支出,而农资的价格和优劣则直接影响辛苦一年的农民能否增收、增收多少。农业生产资料价格上涨过快,直接增加种粮成本,甚至冲抵掉国家发放给农民的补贴；假冒伪劣农资更是严重坑农害农。由于充分考虑到农资对于农民增收的重要性，为了让集体收入惠及村民，2009年，钱庙社区决定成立了"钱庙村民悦农作物病虫害机防专业合作社"，合作社的干部是经过全体社员推举产生，曾任合作社干部的庞志武给我们讲到，"合作社成立之初一些利益受损者制造谣言，合作社的发展情况不是很理想。对于农业生产资料经销商而言这是暴利行业，特别是化肥行业，比如复合肥进价50元一袋，卖的时候可能150元一袋，农民也不知道进价多少，任由其要价。还有的经销商把复合肥中的氮磷钾含量降低给厂家生产，再用好的复合肥的袋子包装，价格跟优质复合肥一样甚至更低，村民就会上当，购买劣质的化肥、农药等，严重影响了农民的收入和当地的农业发展。为了实现服务农村，惠及农民，合作社把进价单贴在公告栏里，免得有些农民以为合作社是赚钱的，产生误会，而且向农民承诺合作社卖出的是货真价实的农资。经过实践的检验，证明了合作社的种子化肥确实好，农作物产量也比其他经销商的产量高。村民一家传一家，现在村民都知道合作社是服务农业惠及农民的，是为农民谋利的，都积极加入合作社，都愿意过来领购农资。"经过几年的发展，实践证明农业合作社的成立既增加了农民的农业收入，也稳定了当地的农资市场，是钱庙村走向农业现代化的重要举措。

钱庙村民悦农作物病虫害机防专业合作社的功能和作用：①工业反哺农业，促进当地产业结构调整，实现工业、农业协调发展。钱庙村民悦合作社是村集体投资兴办的惠农服务组织，也是钱庙村村民自愿自发组织的专业经济合作自治组织，是在钱庙村乡镇企业获得发展后实行工业反哺农业的具体措施，旨在增加农业收入，促进农民增收。随着钱庙村集体经济的发展，工业发展初具规模，但是农业发展却迟迟不见增长。为此，钱庙人开始探索工业反哺农业的道路，缩小产业差距、促进工农业的双向增长成为钱庙人考虑的问题，正是在这种情况下钱庙村民悦农作物病虫害机防专业合作社应运而生。为了进一步惠及农民，让广大农民也分享到工业发展的成果，合作社还有计划在以后的几年内逐步降低农资的价格，零利润甚至负利润的让农民领购农资，有条件的情况下将免费供应社员领取农资。②降低农资价格，保证农资质量。合作社里的农资都是进货价卖给村民，参照市场价格，要比市场价低30元/袋，此举为村民节省成本近60万元。2011年合作社投入400万元购买农药、化肥、种子，而且农药、化肥都是好牌子的，如史丹利、金大地，史丹利主要来源于安徽涡阳，金大地是来源于山东临沂，选的种子也是原种。③依靠科技，强化服务。钱庙社区民悦合作社本着服务农业的理念，以增加农民收入，维护从农民利益为出发点，依靠科技指导农民进行农业生产。合作社积极推广水稻栽插机械化作业，为农民提供平价甚至免费的农业机械和农业技术，并定期邀请市、县的农业科技专家来村指导社员进行病虫害防治统治和推广农业科技，合作社还积极组织社员参加培训，引导社员进行科学种植，大大提高了社员的种植水平，实现了粮食增收，也增加了农民的收入。④拓宽流通渠道，解决农产品销售难的问题。农产品的销售一直是制约农业发展和农民增收的关键。合作社组织人员上网负责销售、运输等各种信息提供给农民社员，并采取多种方式稳定销售渠道，促使农民增收。合作社积极与种子公司合作，签订协议，争取到了种子繁育基地的整村推进，每斤粮食的销售价格比市场价格高出 10%~13%，全村粮食年增值 70 余万元。如 2010 年钱庙村每亩地普遍卖 2000 多元，其中新农村这个自然庄农业生产技术强，有 360 亩地，每亩地收入 2500 元，卖的时候 1.37 元/斤，仅新农村这个自然庄农业收入就高达 80 万元，多增收 18 万元。⑤扩大受惠面积，服务困难群众。合作社提供的农资不仅本村村民可以买，外村的人也可以买，但每袋要增加运杂费，高出两三元。对于困难户，本人还可以打欠条。预计明后年，合作社还将对领购农资的社员实行补贴，每袋补贴 5 元，造福当地农民。

钱庙社区是淮河流域商品粮生产基地，种植的粮食作物主要是水稻和小麦，一年都种植两季；经济作物有大豆、玉米、棉花；水果主要出产苹果、梨子、柿子、桃子、葡萄，农业种植类型多样。钱庙村民悦农作物病虫害机防专业合作社针对钱庙社区的商品粮生产基地的特点和农业类型多样的特点提供了多种不同类型的服务，如针对种植和养殖业提供专业的农业技术指导和培训，并参与提议钱庙村农田水利工程的全面整修，为钱庙村农业的发展献言献策，积极推动钱庙村农业的发展和农民增收。2011 年全村经营总收入 10852 万元。其中种植业收入 1250 万元，畜牧业收入 68 万元，渔业收入 62 万元，农机化经营收入 12 万元，第二、第三产业收入 9460 万元。钱庙村民悦农作物病虫害机防专业合作社不仅是钱庙社区农业综合服务体系改革的一个重要方面，而且是钱庙社区走向农业现代化的一个新起点。

第二节　钱庙村的乡村工业化之路

乡村工业化是指乡村地区以工业为主的非农产业的发展过程。

表现为乡村居民职业构成中从事非农产业的人口逐步增加,乡村社会总产值中非农产业产值比重不断提高。乡村非农产业主要包括加工工业、采掘工业、建筑业、运输业及商业服务业等。乡村工业化既不同于早期发达国家以城市为中心的工业化,也不同于目前发达国家中的工业分散化。现代乡村工业化是在乡村地区兴办工业,就地吸收、转化农业劳动力,或成为完全脱离土地的"永久"工人,或成为亦工亦农的兼业型工人,但都不离开乡村。乡村工业化在农业还占重要地位的发展中国家表现较为明显,是工业化的一种新形式。

乡村工业化主要是发展乡镇企业。无数经验证明一个村仅靠农业是富不起来的,我们必须要发展乡村工业,留住两个"美丽",一是农业,要逐步走入现代化;二是以小乡镇为依托的乡村工业化,这两者是相辅相成。

邓小平的中国特色社会主义理论指出,中国农民有两大创造:一是创造了农业家庭联产承包责任制;二是创造了乡镇企业。邓小平说,乡镇企业的发展,是异军突起,是农民自己创造的,农村剩余劳动力不往城市跑,就近就业,解决了农民的就业问题。他们冲出国门参与世界经济大循环,他们利用自己的剩余劳动力多和海外关系多的优势,进入国际大市场,参与国际大循环。原来在发展乡村工业时一再强调集体所有制,遇到的问题是平均主义,而钱庙集体所有的真正优势在于股份制,自由加入,也可以自由退出,适合现在自由经济发展的水平,对钱庙的转型发挥了主导作用。

钱庙村的乡村工业化采取的是农村社区型股份合作模式,这是农村股份合作制的一种形式,是以一定范围内农村社区土地为纽带

正在工作的钱庙村村民

联系起来的农民，采取股份制、劳动联合与资本联合相结合的新型集体经济产权形式。钱庙村的集体经济，是村民以资金、实物、技术、劳力等作为股份，自愿组织起来从事生产经营活动，实行民主管理，以按劳分配为主，又有一定比例的股金分红，有公共积累，能独立承担民事责任的经济主体，是典型的股份合作制经济。

目前钱庙村已有11个集体企业，分别为：钱庙村机械配件厂、钱庙村石料厂、凤台县钱庙村民益轮窑厂、钱庙村洗煤厂、钱庙村建筑办（队）、钱庙村实在商场、钱庙村加油站、凤台县钱庙乡钱庙村淝水湾休闲农庄、钱庙村润宝幼儿园、凤台县钱庙乡钱庙村民悦农作物病虫害机防专业合作社、凤台县钱庙乡钱庙村卫生室。2011年，企业总产值已突破4000万元，利税达460万元，集体经济收入达到130余万元。经济实力位居全县第三，仅次于临近城郊的两个村。

一 乡村工业化之路的探索和实践

1. 为求发展，招贤纳士

为了使钱庙村尽快脱贫致富，在时任乡党委书记朱玉峰、乡长李建强的建议下，刘学平书记三顾茅庐，亲自拜访刘利，想请刘利到钱庙村主持工作，搞活钱庙的经济。刘利当时已是市、县、乡人大代表、优秀企业家，其创办的凤台县亿联矿山机械制造有限公司年产值近5000万元，创利税500万元，带动了500多人就业，促进了当地社会经济的发展，在群众中有一定的影响力。为了带领钱庙村群众致富，实现自己的人生价值，2006年4月，刘利正式担任中共钱庙村党总支第一书记。他根据自己多年办企业的经验，广泛争取领导干部的意见，最终确立了走集体合作经济的道路。

2. 找准平台，乘胜追击

刘利书记上任后，主要实行以下措施：①统一思想，明确方向。召开两委班子会议，明确发展思路，提出了发展集体经济的观点，并将"学华西人，走华西路，建设皖北华西村"确立为钱庙村的发展思路和目标。②五到华西，学习经验。为了鼓舞领导班子成员，让他们真切感受先进的气息，刘利书记五次带领干部成员到华西村学习，听报告，做总结，为钱庙村的集体经济发展打下基础。③依据平台，创办企业。利用周边矿区优势，借助通和公司平台（主要是接收来自通和公司空白项目的订单来生产），钱庙村上马了一个矿山机械修配厂。这个厂可以说是钱庙村发展集体经济的试金石。④干部表率，自筹资金。由于集体没有资金，只能由村支两委成员个人筹集，搞股份制经营，解决了资金的难题。由于管理科学、经营有方，创产值 300 余万元，村集体收入近 10 万元，集体经济开始起步。此后，又相继开办了创办了金山房产、民益建材、实在商场等一批集体企业，并进入正常运营。

3. 获利之余，服务民生

从第一个集体企业开办，到如今的 11 个集体企业，钱庙村的集体经济不断壮大，集体收入也不断增加，收入达到 130 余万元。本着"集体的财产就要用于集体"的承诺，钱庙村领导干部广泛听取群众意见，对基础设施进行了修复和整治，实行"五化"（绿化、硬化、净化、亮化、美化），对集镇进行了规划设计。目前，钱庙集镇经营秩序井然，街道卫生清洁，彻底改变了农村集镇经营"脏、乱、差"的局面。除了道路、楼房、水电的改善，还建立了一个农民运动场，目前已有篮球架数个，今后还会购置一整套全民健身器材，使农民在家门口就能够进行的健身运动。为了使钱庙村的孩子可以就近就学，老人享受良好的医疗条件，村里还开办了幼儿园和村级卫生室，设备齐全、环境良好，钱庙村村民充分享受了集体经济的发展成果。

二 钱庙村工业化的起步：凤台县亿联矿山机械制造有限公司（原凤台县通和农商服务公司）

亿联矿山机械有限公司占地面积 40 亩，厂房面积 3000 平方米。公司拥有 5T 3 台，普通车床 5 台，各类小型钻床 6 台，四柱液压机 2 台，折边机 1 台，冲床 1 台；轧圆机 1 台，滚丝机 1 台，台式带锯床 1 台，本公司下属拉丝厂 1 个，固定资产 800 万元。公司员工 90 人，工程技术人员 7 人，管理人员 25 人。主要加工矿用配件，非标件加工及钢结构安装，同时对砖窑厂筛网、粉碎机磨锤，削泥刀加工。公司年产值近5000万元，创利税500万元，其中机械加工产值3000万元，每年上缴国家利税150万元；是淮南机械加工10强企业，淮南市重点机械加工骨干企业。

该公司将所获得的收益很多都用于改善员工的生产、生活条件，形成了独特地管理制度。公司的每个职工都有不少于2万元的股金。工人有工资和分红两项收入。公司实行"三步走"战略。首先，公司在2002～2005年，陆续为职工上了养老保险，是淮南市第一批为职工上养老保险的农民企业。按照国家标准，让工人按时退休，安享晚年。其次，推出了一项政策，职工在本公司连续工作20年的，将会得到一套140平方米左右的房子。此政策在2012年底就可享受到。再次，就是家庭经济调整方案，这也是我们未来五年内要达到的目标。这就是，按照职工所在家庭的负担轻重，积极协调帮扶各家，以此来免除职工的后顾之忧，让职工能够安心工作。帮扶内容将涉及生活的方方面面。

三 集体合作经济的典型：钱庙村机械配件厂

钱庙村机械配件厂坐落在钱庙新区北侧，占地4230平方米，成立于2006年7月，是钱庙村最早的集体企业。该企业成立之初面临的最大问题就是资金问题。没有资金，村干部按自愿的原则，以入股的方式筹集：愿意入股的，个人必须交款16000元，企业盈利，按个人1万元股本、村集体6000元股本分红，若要亏本，16000元全算村干部个人的。"盈利有集体，亏损全个人"。很快，12个村干部每人拿出了16000元，就这样一个矿山机械配件厂投产了,通过全体干部职工的共同努力,当年产值超过 300 万元,不仅村干部分得了红利,村集体也收入了近 10 万元。2007 年,产值突破 500 万元。2008 年下半年,受金融风暴的影响,周边矿井产值急剧下跌、个别停产,机械厂转向为本村企业服务,为各企业加工、焊接、切割钢材,年产值稳定在 100 余万元,现有正式工人 6 名。机械配件厂的成功极大地增加钱庙村人们发展集体经济的信心,村里第一次有了集体收入。

由于有了机械配件厂的示范效应,在 2006 年底筹备钱庙村民益轮窑厂时,63 位村民积极参股,同时村集体以土地入股(作价 30 万元),部分村民小组集体以资金入股(12 万元)。企业由村直接经营,2011 年,企业产值已达 400 多万元。随后,钱庙村洗煤厂和石料厂也以同样的方式成立。

第三节 钱庙发展乡镇企业的成功经验

钱庙村一贯坚持"以人为本,制度管人,人管制度",做到民主讨论、民主决策、民主管理、民主监督,极大地调动了广大乡镇企业员工的积极性和创造性。

一 战略管理

战略指导思想是指导战略制定和执行的基本思想。它主要包括以下几方面。

一是适应环境原则。来自环境的影响力在很大程度上会影响组织的发展目标和发展方向,战略的制定一定要注重组织与其所处环境的互动性。

　　钱庙村周边有多个矿，钱庙首先从实际出发，分析自身优势与周边可利用资源，明确了自身发展目标和方向。刘利同志审时度势，抓住与顾桥、张集、张北三座煤矿相邻的机遇，果断决策，转型矿山机械加工，成立了凤台县亿联矿山机械制造有限公司；基于钱庙村劳动力丰富的村情，钱庙村成立了众多集体企业，发展劳动密集型产业，一方面解决了劳动力就业问题，另一方面降低了发展成本。

　　二是全程管理原则。战略是一个过程，包括战略的制定、实施、控制与评价。在这个过程中，各个阶段互为支持、互为补充的，忽略其中任何一个阶段，组织战略管理都不可能成功。

　　在计划阶段，刘利书记上任后，立刻统一思想，明确方向。召开两委班子会议，明确发展思路，提出了发展集体经济的观点，并将"学华西人，走华西路，建设皖北华西村"确立为钱庙村的发展思路和目标。在实施准备阶段，刘利书记带领领导班子成员五到华西，学习经验，从此钱庙村按照计划，一步步开始了钱庙村经济、政治、文化、民生等各方面的实践。在钱庙村的发展过程中，刘利书记发扬民主精神，无论是在经济上还是政治上，力争做到全民参与，确保了控制阶段的民主性与科学性。

　　三是整体最优原则。战略管理要将组织视为一个整体来处理，要强调整体最优，而不是局部最优。战略管理不强调组织某一个局部或部门的重要性，而是通过制定组织的宗旨、目标来协调各单位、各部门的活动，使他们形成合力。

　　钱庙村组建了农业合作社，发展社区99%的农户成为合作社社员，由合作社统一采购农业生产资料，零利润销售给社员，集体采购的方式降低了个人采购的风险与成本，造福了当地农民，实现了农业采购上的整体最优。

四是全员参与原则。由于战略管理是全局性的，并且有一个制定、实施、控制和修订的全过程，所以战略管理绝不仅仅是组织领导和战略管理部门的事，也是在战略管理的全过程中，组织全体成员都参与。

钱庙村在制定各项经济政策时，采用民主参与方式，重视企业的和谐与民主。刘利书记在自己的日记中写道："和谐是企业发展的最大财富，民主是企业发展的最大动力。""发展之根就是靠民主和和谐。"钱庙村规定，在集体企业参股利益分红中，干部要做到：群众的利益由集体承担，集体的利益由干部承担，干部的利益由自己承担。并成立理事会，发挥"五老"人士的余热，调动了全民积极性，增强了村民的凝聚力。

五是反馈修正原则。战略管理涉及的时间跨度较大，一般在五年以上。战略的实施过程通常分为多个阶段，因此分步骤的实施整体战略。在战略实施过程中，环境因素可能会发生变化。此时，组织只有不断地跟踪反馈方能保证战略的适应性。

在钱庙第一、第二产业发展之后，钱庙村从实际出发，决定在继续加大第一、第二产业发展的基础上大力发展第三产业——旅游业，钱庙度假中心"泚水湾"休闲农庄正在建设之中。"泚水湾"休闲农庄采取股份制经营，由钱庙村投入资金、村民以耕（林）地和水面经营权入股，自主经营、独立核算、自负盈亏。力争发展休闲旅游业，形成相关产业链，使集体经济不断壮大。

二 人力资源管理

人力资源管理是指根据组织发展战略的要求，有计划地对人力资源进行合理配置,通过对组织成员的招聘、培训、使用、考核、激励、调整等一系列过程,调动组织成员的积极性,发挥组织成员的潜能,为企业创造价值,确保企业战略目标的实现。组织领导者是组织成员人生的导师,帮助组织成员成功是每一个组织领导者的社会责任,成功组织会成功,胜在他的领导人不断栽培组织上下每个基层的其他领导人。

对于人才的渴望和培植在钱庙村体现得比较明显,刘利书记在制定钱庙发展规划时,就特别对人力资源方面做出强调:强化素质,建立人才引育机制,建立健全人才引育激励机制,加大人才引进力度,积极引进应届大学毕业生。

刘利书记不仅自己办厂而且还请来了许多在外发展的企业家和农民工到钱庙创办工厂,同时钱庙村为那些肯努力、肯上进并肯为之奋斗的年轻人提供了很多机会。"泚水湾"休闲农庄就大胆启用年轻人。刘成,"泚水湾"休闲农庄的项目部经理,和他一起工作的还有十多人,都是"80后",平均年龄不到26岁。与老年人的丰富阅历相比,年轻人多有激情、有冒险精神和"初生牛犊不怕虎"的勇力。所以,一个英明的管理者应多给年轻人以重任,使他们的劲有处使,在磨炼下迅速走向成熟。

三 财务管理

钱庙村对于账目问题实行村账乡管,队账村管,杜绝贪污腐化现象,为经济的长期稳定发展奠定坚实的基础。

四 愿景管理

发展愿景是组织最高管理者头脑中的一种概念,是这些最高管理者对组织未来的设想,是对"我们希望成为怎样的组织?"的持久性回答和承诺,它体现了管理者的立场和信仰。发展愿景为组织提供了一个永恒的发展目标,引导组织不断超越自我,得以永生。管理者要关注的是组织的愿景是否能够化为动力。

说起钱庙村的未来,刘利书记表示:"我们发展工业的目的就是让群众富起来。我们要继续办好集体经济,带动整个村的发展,通过我们的奋斗,立志走上新华西的路子。在物质文明建设的同时,重视精神文明建设。未来的设想就是要让群众过上好日子,我们要让钱庙的老百姓家家有存款、有车子、有房子,家家都像华西村那样,我们要达到那样的水平,我们就要实干。"

钱庙村的愿景是宏大的,在这个宏大的愿景之下,是一个斗志昂扬的领导人带领一群激情澎湃的追梦人奔往美好生活的画面,正因为对于这个美好愿景的向往,使得钱庙村上下团结一致,义无反顾地投身到钱庙村的建设中去,也正是因为这股热血和冲劲,让钱庙村取得了今天优异的成绩。

第四节 中国城镇化发展中的一例
——自然村形成的小镇

要实现城镇化,必须要发展小城镇,城乡一体化是城镇化的最高境界,也是探索中国特色城镇化的突破口。我们要解决好城乡差距、贫富差距,发展小城镇是基础。建设好小城镇是中国社会建设的一条创新型之路。现在是我国城镇化快速发展的时期,我们的城镇化不仅包括大城市和行政编制中的乡镇,更多的是自然村形成的小镇。

钱庙村集贸市场

钱庙村的小集镇原来是一个小集市，仅仅满足于工业品和农业产品的交换，由于历史等原因，钱庙集贸市场一直未得到很好的开发利用。之后领导班子转变发展思路，积极发展小城镇，通过改善基础设施，调整经济结构，优化创业环境，实现了资金、人才、技术等资源要素的集中，使钱庙村发展成为了一个新集镇。现在钱庙村吸引了外来经商269户，吸引近1000人来创业，仅在街上开商店的就有80多户，这与大多数农村出现"空心村"的现状形成了强烈的反差，成为钱庙村经济社会发展的重要力量，极大地促进了钱庙村城镇化进程。

一 钱庙村创业农民的现状

根据调查，课题组发现来钱庙村的创业人员主要是个体工商户

和私营企业主。在访谈的7个对象中，有5个个体工商户（超市老板、日杂货店老板、化妆品店老板、电焊店老板、饭店老板），2个私营企业主（箱包厂经理、桑拿洗浴中心老板）。

通过访谈，笔者认为这些返乡创业的农民主要呈现以下特点：①创业农民以中青年为主，年龄在30~50岁之间。②文化程度较低，大多是初中文化。③从事的职业收入稳定，风险较小。主要是经营超市、百货店、服装店等，这些店货源供应稳定，消费群体也稳定，年收入都在三四万元，与外出打工收入差不多。④缺乏技术、资金和劳动力是来钱庙村创业农民经营过程中遇到的主要问题。由于许多有技术的年轻人都外出打工，一些劳动密集型的工厂找不到员工，陷入发展的瓶颈。⑤有过长期大城市经历的农民有着强烈的改变现状的要求，希望得到政府的支持。经过大城市的长期洗礼，许多农民工有了市场意识、竞争意识、经营理念，他们也希望在家乡经营好店面或工厂。

二 吸引外村农民来创业的原因分析

1. 良好的创业环境是吸引外村农民来钱庙村创业的首要原因

为了改变钱庙村的村容村貌，钱庙村对钱庙集镇进行了总体规划，建成标准化农贸市场2680平方米，修了一条宽30~40米的水泥路，临街统一规划建立200多个门面，都是两层，10多万元就可以买一套房子（两层），租房子是1000多元一个月。对于营业额不超过2万元的商店不收取任何费用。由于钱庙村新建了一个农贸市场，又是乡政府所在地，逢双日的时候就会有很多人赶集，人流量较大。区位优势也给来钱庙村创业的人提供了良好的条件。同时当地政府也非常关心和重视，时常询问他们的经营状况，为了鼓励农民工回乡创业，还建立了农民工返乡创业园。安徽省凤台县联东轻纺箱包有限公司是钱庙村农民工返乡创业园中的一家私营企业，李豹是经理，在外打工十几年，去过全国很多地方，一直从事和箱包有关的工作，有着丰富的管理经验和人脉资源。现在的联东轻纺箱包有限公司是2011年3月18日开业，主要是给华硕、联想、东芝电脑做电脑包，也给"李宁"做运动品。员工人数80多人，这个厂是本地用工最大的一个厂子。计划月产值达到200万元，由于刚起步，效益一般，公司的月产值大概70万元。招的员工绝大部分是本地人，也有邻村的。对于有着丰富管理经验的箱包厂管理人员，能够吸引李豹来钱庙村主要是因为"社区把厂房给我们建好，租金也比较便宜，一年只要10万元，再加上当地政府参与管理，不参与分红的措施"。为了给农民工在家乡创业提供宽松环境，钱庙村还对企业用工和解决当地剩余劳力就业工作进行认真部署，制定了优惠政策，培养了一大批返乡创业能人，形成了一户带多户、多户带一村、一村带一片的格局。

2. 优美的生态环境是吸引外村农民来钱庙村创业的重要原因

钱庙村相比周边村庄来说，既无煤矿，更无塌陷区，而且通过近6年集体合作经济的发展，钱庙村已有足够的经济实力改善村民的居住环境。钱庙村现在的街道干净整洁，有绿化、有休闲场所，邻里相处得很融洽。街道两旁栽植5200多棵绿化树木，购置150盏路灯，全村都通上了自来水，还有农民运动场，可以打篮球、乒乓球，今后还会配有一整套全民健身器材。这在周边村庄中也是绝无仅有的。每年农历二月二十四、三月二十八、八月初八会在钱庙村举办红会,还会请河南豫剧团来这边演出豫剧、还有杂技,村民们可以享受极具地方特色的民间艺术。通过访谈得知,90%的村民对于当前的生活环境很满意。

3. 家庭观念浓厚是许多外村村民来钱庙村创业的另一原因

据了解,来钱庙村创业的主要是周边的村庄,如高庄村、张池村等,来到钱庙村创业既可以解决就业问题,也能照顾父母和孩子。从访谈中得知,一般的打工人员工资一年两三万元,在这创业每年也能挣得3万元,同时还可以照顾到孩子的学习。在谈到将来的规划时,电焊的门市部老板说:"想扩大,想干别的没技术,做大生意没本钱,还干这行。我文化水平是初中,留下来做电焊生意主要就是为了孩子的教育,像我这样手里有技术的,如果去外地打工,尤其珠三角那边,比现在挣得多,可是在外地打工,不稳定,孩子上学是问题,挣那么多钱有什么用呢?不都是为了孩子吗?这里的教学质量挺好,小孩暑假还可以上辅导班,100多块钱还不贵。"

随着近几年中央扶持"三农"一系列政策的出台,劳务经济逐步向创业型经济转变,返乡创业的人员呈逐年增长趋势。农民工返乡创业已成为不发达地区县域经济社会发展的一支生力军,成为推动中西部地区城镇化、工业化的重要途径,成为以城带乡、以工促农的有效载体。[①] 尽管钱庙村的农民工返乡创业还处于初始阶段,但他们为缩小本地区的城乡差距、统筹城乡发展作出了巨大贡献,是促进本地经济发展的重要原动力。

---

① 张玲:《农民工返乡创业问题研究》,《安徽农业科学》2010年第34期。

三　钱庙村实在商场

钱庙村小城镇的发展还体现在农民生活设施的改善。钱庙村的实在商场就是为了满足村民对于科技和信息的产品的需求，通过访谈者我们也了解到大部分住户都有空调、彩电、洗衣机等电器。正是考虑到这种需求，也为了方便村民的日常生活，钱庙村采用股份制的集体合作形式，注册资金301万元，村集体股金201万元，村民参股134人，股金合计100万元，个人股金不超过1万元新建了一个大型超市——钱庙村实在商场，商场主要是面向广大村民服务，经营日常生活用品及家电等，满足农村小商店产品的供应不足。该商场坐落于钱庙新区十字街，现经营面积626平方米。

由于诚信经营、产品货真价实，信誉也逐渐提升，产值逐年上升。2009年，产值180万元。2010年，产值320万元。2011年，产值达到460万元，并解决了11个人就业。

第五节　钱庙村集体合作经济的分析

一　钱庙村集体合作经济的特点

1. 村企一体化

村企一体化模式主要是指为了形成农村集体经济发展的合力，村党支部、村委会与村属企业合为一体，实行一套班子，以达到推动农村集体经济发展的目的，苏南模式的典型华西村实行的就是这种模式。在钱庙村，社区党委、村委会与钱庙村企业领导班子就是一套人马，三块牌子。村企一体化的优势在于，有利于组建龙头企业，形成示范和带动效应。钱庙村机械配件厂成立之初，面临的最大问题就是资金问题，村干部带头集资，使企业投产运营，钱庙村因此挖得"第一桶金"。随后，其他企业的创办，都是在此模式基础上，进一步扩大了资金的来源，村民们积极参股。另外，村企一体化模式也有利于实现统一领导和行动，提高了企业的创办和运营效率。

2. 村镇一体发展

钱庙村是钱庙乡人民政府所在地，是全乡的政治、经济、文化活动中心。该村充分利用这一优势发展小集镇，建了一个综合市场，不仅可以满足当地农民的经营需求，还给外地一些小商贩提供了经营场地。钱庙村的街上规划整齐，商铺林立，有服装、饭店、五金、电焊、水果店、化妆品点、超市等各种商店，村民的生活必需品一应俱全。除此之外，钱庙村还有一个文化活动广场，村民可以打打篮球，或者进行其他的运动。如今钱庙村村容整洁，工商业快速发展，综合服务功能逐渐提升，村民的生活热情也大大提高。

二 钱庙村发展集体合作经济中要解决的问题

1. 乡镇企业大发展急需人才

目前，钱庙村集体经济的经营者主体基本上是当地农村中综合素质相对较高的人员。比如，凤台县钱庙村民益轮窑厂和钱庙村洗煤厂的负责人是社区党委委员钱士先；钱庙村建筑办的负责人由社区党委副书记、纪委书记刘学平担任等。但调查显示，钱庙村现有集体经济经营者中近75%的人年龄在50岁左右，一旦他们将来从这些企业中退出，必须要有充足的后继人才来补充。

2. 产品的市场化程度有待进一步提高

尽管钱庙村发展集体经济的路子已经走出了特色，并形成了一定的规模，各种类型的大小企业已有11个，但是企业所生产的产品或服务基本上还是局限于本地市场，还要形成自己的品牌，拓宽自己的市场。

三 钱庙村新型集体经济培育和发展对策

1. 营造农业产业就业环境，建立农业进入退出机制

目前，钱庙村集体经济经营主体的主要来源是由少数的"回乡创业的能人""返乡的农民工""本村的带头人"等构成，但这些人一旦退出后，后继人才无法保障。为此，钱庙村积极探索一些切实可行的措施或办法，吸引农民工回乡创业，甚至吸引外村农民前来钱庙村创业，比如建立农民工返乡创业园等。农民工回乡创业主要存在两个方面的顾虑，一是创业的条件和平台，二是退出的风险和保障。因此，营造良好的农业产业就业环境，建立公平合理的进入退出机制以及农业经营者的退休制度，对于培养和稳定农业创业者的人才队伍有着非常重要的现实意义。

2. 加快要素的市场化改革，满足集体经济发展需求

农村要素市场化是指农村的土地、资金、劳动力以及信息技术等生产要素在经济活动中以市场为中心进行组织和资源配置，其关键就是进一步明确产权关系，以提高分工和专业化水平。实现农村要素市场化，既可以使集体经济在获得资金、信息和技术等方面更为方便，同时也有利于使农业的进入退出机制运行更加顺畅。还有，要素的市场化有利于推动劳动力的转移、优化组合以及与之相适应的土地流转，这是推进农村城镇化、实现城乡协调发展的根本途径。探索农业服务有效措施，健全农业综合服务体系。农业综合服务体系是农业现代化的重要支撑，是解决"三农"问题的一种机制。目前，农村土地流转中介服务、农业技术推广服务以及动植物疫病防治服务等农业支持与服务体系尚不够健全，不能满足新型农业经营主体发展的要求。需逐步形成政府扶持与市场引导相结合的新型农业综合服务体系，为农业发展、农村繁荣、农民富裕提供多形式、多层次、全程化的优质服务。具体来说，可以从农业技术推广服务、农产品营销服务、信息咨询服务、动植物病虫害防控服务等方面健全农业综合服务体系。

第六节　钱庙村"80后"建起了"淝水湾"休闲农庄

钱庙村将农业经济效益与生态环境有效地联系起来，发展乡村旅游业。"80后"建起了钱庙村的"淝水湾"休闲农庄。而这片农庄也正是钱庙村"80后"的青年人创业的见证，是他们在社会主义新农村建设中画出的一幅美丽的画卷。在这个过程中他们也成长为新型的农民，托起了钱庙村未来的一片蓝天。

一　"淝水湾"休闲农庄的基本概况

"淝水湾"休闲农庄坐落于钱庙村刘中圩湾，总面积700余亩，其中林地占地290亩、水面占地130亩。它位于县道马刘路南侧、康焦路西侧，交通十分便利。整个工程从2007年开始筹划，2008

年初正式开始动工，共分为三期：一期建餐饮，二期建别墅，三期建休闲健身的场所。其中一期工程正在建设中。从远处就能看到好几台挖掘机正在施工，走近了就能听见机器的轰鸣声。一期工程准备建10个餐饮店，目前已完成了80%，投入1600余万元，也是这三期中投入最大的，主要费用在为防洪抗涝而建的大坝上。一期工程2012年底完工，此外在建一个1000多平方米的露天游泳池。二期工程投入三四百万元，2013年上半年完成。三期预计投入300万元，2013年底完成，主要是建健身娱乐场所，如篮球场、羽毛球场、乒乓球馆等。而对于度假村的休闲设施，只要是钱庙村的村民都可以免费享受。

休闲农庄是在充分考虑地理、市场、环境等因素的前提下合理规划而建立的。第一，休闲农庄位于刘中圩湾，该地区地形北高南低，地势坡度大，高洼不平，易旱易涝，既不能农又不能渔，常年抛荒。农庄选择这里就可以充分利用这片"荒地"，优化土地资源的利用率。第二，钱庙村的周围有近十个大的煤矿，其中有亚洲第一大矿顾桥煤矿，此外还有张集、土楼、顾北、张北、顾南、丁集、杨村等煤矿，农庄的建设主要考虑到周边有较大的市场，可以为这些煤矿提供休闲、娱乐、健身的场所。第三，农庄修建好后，拥有这片土地的近两百家农户仍然可以拿到农业补贴、林业补贴，同时他们也可以以土地入股参与度假村的建设，另外这些农户还可以拿到因建休闲农庄而占用土地的600元每亩的补贴，不损害农民利益。第四，建设这个度假村需要大量的人力、物力，这就直接为当地解决了一部分村民的就业问题。第五，农庄在运营过程中必将带来大量的消费，这就提高了当地村民的经济收入。

二 休闲农庄的产业布局和生态保护

"汜水湾"休闲农庄主要是通过"公司+农庄+农户"产业联结模式,实现旅游与农业的渗透融合,推动传统农业向多元化、市场化、精品化的现代农业转变。农庄采取股份制经营,由钱庙村投入资金、村民以耕(林)地和水面经营权入股,自主经营、独立核算、自负盈亏。休闲农庄在全庄绿化的基础上,主要分为休闲度假娱乐区、休闲渔业区、农业观光区、农事体验区四个特色区。"汜水湾"休闲农庄建设设计上突出"以绿为骨、以水为媒、以旅助农、以人为本"的理念;景点布局上要求"源于自然,高于自然";项目建设内容上解决生态园交通通畅和集园区游客的停车、餐饮、娱乐、休闲、观光、商贸服务于一体的服务功能和基础设施建设;生态环保上推广立体综合种养模式,做到物料的多级循环利用,减少高浓度有机废水对环境的污染,提高环保生态效益。这种发展模式通过合理配置生产结构,在不断提高生产率的同时,保障生物与环境的协调发展,是高效、稳定的生产体系。

为了尽可能地贴近自然,农庄从居住环境、食物来源、垃圾处理方面都做了相关安排。①从居住环境来说,项目部从建立之初就开始种植树木,经过对当期气候和土质的考察,目前主要种植像香樟树、广玉兰、冬青树等常青树,还从南京引进1700多棵常青树树苗。他们下一步还计划培植近100亩的小树苗,发展苗圃种植业,为后期农庄的绿化提供服务。②刘利书记和村领导向来重视食品安全,从幼儿园的菜谱,食堂的油、米、面到即将建成的餐饮店、食物来源，他们都强调自己种植。农庄现在共养了食用肉鸽1000多只，两个月就可以成熟上市。同时，农庄还饲养了150多只可繁殖的母羊和3000多只土鸡，由于树林面积很大，这些动物主要是放养，这样就有利于提高肉质，保证质量。另外，农庄还有一个10多亩的蔬菜培植基地，培育绿色食品，保障食品安全。③对于农场建成运营后产生的生活垃圾，项目部在成立之初就对其进行了科学的规划。农庄已经和县、乡里的领导商量，由他们统一协调，准备建立一个垃圾中转站，同时购买垃圾箱、垃圾车等，用来储存和运送垃圾。

三 "80后"建起了休闲农庄

"泐水湾"休闲农庄的项目部经理刘成是个"80后"，和他一起工作的还有十多个人，都是"80后"，平均年龄不到26岁。2007年，在村委的政策感召下，成为建设农庄的第一批人。当时没有路、不通电，每到下雨天，地上就变得特别泥泞，每到夜晚，就只能靠蜡烛照明。为了建设好农庄，他们天天吃着泡面，自己拉电、修路、建好了现在的临时项目部。在访谈中，项目经理刘成说道："当时的工资也只有600元一个月，收入远低于打工，许多人都动摇了，后来村里的领导经常来指导我们工作，不仅给我们经济上的支持，还给我们讲建设度假村的意义、描述钱庙村的美好未来，这使我明白了人生的价值在于给当地作贡献，另外，村子每年还安排我们到华西村参观和学习，通过这些，我明白不管再苦再累也要建设好农庄。"

尽管农庄的建设刚刚起步，项目部还是建立了一套比较完备的

会议制度。每到周五下午，项目部都要召开内部会议，让成员提出关于村庄建设的意见建议。周六下午再召开全体职工大会，共同商量这些意见建议及其他有关建设方面的事情。周日上午，村子再召开会议，讨论这些意见建议。在访谈中，一个"80后"工作人员说道："一般每个星期六的晚上，我们项目部会把人员召集起来开会，看缺什么，就会列个清单，每月都有报表，然后上报给村里，村里在星期日的上午召开会议，争取村民的意见，商讨解决的办法，最后会把任务安排给物供部，由物供部采购，我们再到物供部拿就行了。"这一制度从开始制定到现在，一切运行良好，极大地提高工程的进度和工作的效率。

如今，刘成等人用自己的行动和信念向我们诠释着青春的含义——"80后"的社会责任感。他们正通过自己的努力，让贫瘠的刘中圩湾不再贫瘠。他们中有人说："只要是有能力，有共同富裕的意识，就可以搞好集体企业。一个人的富不是富，大家都富了才是真正的富。"

第四章　钱庙村社会组织和民间组织

推进社会建设，是完善政府社会管理和公共服务职能、统筹经济社会协调发展的重要任务。正如胡锦涛总书记在十七大报告中指出的，"社会建设与人民幸福安康息息相关。必须在经济发展的基础上，更加注重社会建设，着力保障和改善民生，推进社会体制改革，扩大公共服务，完善社会管理，促进社会公平正义，努力使全体人民学有所教、劳有所得、病有所医、老有所养、住有所居，推动建设和谐社会"。钱庙村在社会建设中一方面重视社会组织的发育和发展，通过不断创新，形成了"党的领导、政府负责、社会协同、公众参与"社会管理新格局。另一方面坚持以人为本、以民为先，切实保障和改善民生，做到公共服务水平与经济发展相适应、与群众不断增长的需求相适应。

钱庙社区理事会的作用正如刘利书记所说，上接"天气"，下接"地气"。村社区党委、村民委员会和理事会形成了"一池活水"。钱庙社区理事会是我们在乡村管理中，由组织农民到农民组织的一种探索。

第一节　钱庙社区理事会发展概述

社会建设的重点是加强社会管理,社会管理的核心就是要变管理为服务,让人民群众自己管理自己,让社会管理回归社会,这是社会主义民主的应有之义。加强社会管理,发育社会组织能够极大地提高民众自我约束和疏解矛盾的空间,从而节约了政府治理的成本。

安徽省凤台县钱庙村原来经济发展落后,社会矛盾突出,是远近闻名的上访村,曾有一半村民在上访。2006年,钱庙村成立了理事会,工作开展得卓有成效。村民们感到发生矛盾时"有地方解决",心里有冤屈时"有地方诉说",遇到纠纷时"有人帮助调解"。此后,钱庙村很少再有人上访,成为一个团结和睦的村。他们的实践证明,农村社区社会组织,在解决社会矛盾中能发挥重要的作用,在广泛的社会层面大大减少了基层政权的社会事务,使他们可以集中力量进行经济建设。

一　钱庙村理事会成立的原因及背景分析

1. 钱庙村理事会成立的原因

(1)随着外出务工以及定居等现象的发生所带来的一系列迁移婚姻问题,需要理事会来调解。安徽是一个农业大省,也是一个民工大省,据粗略统计,全国每10个农民工中就有一个是安徽人。从农业部的统计数据可知,在全国1.3亿离开本乡镇外出就业的农民工中,有近500万农民工返乡镇创业,但有15.3%的农民工现在失去工作或没找到工作，全国大约有 2000 万人。农民工失去工作或找不到工作不仅影响到家庭的经济状况，也危及社会的稳定，是亟待解决的社会问题。目前，农户仍然是我国农业生产的基本经营单位。但是，随着中国农业结构的调整、农村基本经营制度的变革、农业劳动力的转移和工业化与城镇化建设的加快，中国农民开始逐渐分化。钱庙村也一样，有 1000 多名青年在外面务工，迁移婚姻成为这个村婚姻的主要形式。钱庙村有很多青年在外务工的过程中结识了未来伴侣或带回定居，也有女青年要嫁出去，其中不乏一些婚姻上的纠纷事件的出现。迁移婚姻有时背景非常复杂，有大量的沟通调节工作要做，通过理事会的沟通调节成就了很多幸福的婚姻。

（2）社区党委和村委会集中力量抓好发展，而把化解许多社会矛盾纠纷的任务交由理事会承担。2006 年刘利担任钱庙村第一书记，他带领一班人，走"三化"统筹之路。但钱庙村底子薄，矛盾多，为了一心一意搞好经济建设，就必须以最高的效率解决好发展中的各种纠纷，才能实现钱庙村共同致富之路。在这种情况下，刘利书记考虑到村委成员时间和能力有限，若以最大的精力投入到社区经济发展上，必须处理好各种经济发展所导致的纠纷矛盾，应利用好老书记、老大队长等老干部在以前工作中所树立起来的威望、丰富经验以及成熟的工作方法，因此在其支持下成立了钱庙村社区理事会，让老干部继续可以为群众服务，理事会能够提供一个好的平台发挥他们的余热，集思广益，为钱庙更快更好发展献言献智。钱届村两委可以腾出手来办企业。

2. 钱庙村理事会的成立过程

钱庙村理事会的成立并非一帆风顺。当时，钱庙乡有几个村都

设有"理事会",但都形同虚设。因此,刘利书记提出建立理事会时,村委有几个成员担心会出现虚设的情况,不太同意设这个组织。

为了得到村委们的支持,刘利多次召开党支部会议,介绍村支部工作中存在的困难,并阐述成立理事会的重要意义。在一次会议上刘利说:"我们现在做的不仅是别人没有做的,即使是别人已经做过的,我们还要将同样的东西做到最好、最细致、最务实。这些都叫做创新。总之,我们在政治上的核心价值就是党委领导下的创新。小平同志曾经说发展是硬道理,改革开放是必由之路,我看在我们这儿,创新是发展的必由之路,是建设好和谐农村的必由之路;大家知道理事会是个什么样的角色吗?接天接地!'接天'就是说理事会处理的民事纠纷和监督的报告给我们,我们才知道最近老百姓最需要什么,我们的集体企业能服务些什么;'接地'就是平时老百姓觉得在理事会那儿能够得到跟在村部闹啊哄啊同样的处理效果,而不需要采取那种极端的方式。这就极大地减少了内耗。"通过刘利书记多次讲解,打消了群众的顾虑,也让他们理解了建立理事会的重要意义。

干部的思想打通后还需真正落到实处。村委会通过讨论决定由刘传章、刘学政和钱继尧在一个月内组织成立理事会,运作资金由村里负担。三人揽下任务后,他们立刻投入到紧张的组建工作中,比如章程的拟写、资金的筹备、办公地点的选择、人员的加入、工作的展开等。2006年4月29日,理事会顺利成立了。

3. 钱庙村理事会的宗旨、任务分工及工作机制

(1)理事会的宗旨。理事会是钱庙村村民为了实现自我管理、自我教育、自我服务,而自发组织起来的非营利的群众性组织。

该理事会旨在继续发挥老同志老干部的聪明才智，缓和化解干群、群众间的矛盾；监督指导如挖沟建渠等工作；为村委领导分忧、为钱庙的老百姓福祉、为钱庙村的跨越式发展贡献自己的力量。理事会主要处理民事纠纷、计划生育等问题；还有对农田水利、修路、植树造林等的监督指导以及向村委汇报情况等。例如，"空心村"改造中，有些人思想上想不通，理事会就主动去做他们的思想工作。

（2）任务分工。2011年换届之后，理事会的理事长由钱庙社区党委书记刘利兼任，副理事长为刘炳，会长为刘学政，副会长为栾登雨，其余成员分别为庞志武、钱继尧、王希友、吕守平、庞学礼、刘传章、李多学、钱士孝、刘学帮。刘学政负责日常工作的执行，栾登雨协助刘学政工作。

（3）工作机制。①时间安排。成员的工作时间是全职。每天早上8点上班，中午11点30分下班；下午2点上班，5点下班，一周两天休息日。星期一、三、五上午开例会，学习规章制度、读书看报，学习科学发展观等理论知识。遇到群众投诉的时候就去处理问题，一般都是集体处理，而不是某个人分管某个或几个村庄。②准入机制。2011年7月，钱庙社区党委成立，钱庙村理事会随之更名为钱庙社区理事会，办公地为原计生办，目前该理事会服务范围扩展到钱庙乡钱庙社区村民委员会所辖的10个自然村，27个村民小组。理事会成员都是由曾经的村党组织书记、老村长以及有威望的老同志担任，由村民代表大会选举出来，他们基本上是从村干部的位子上退下来之后根据个人意愿和群众选举而进入理事会工作的。钱庙村理事会在贯彻提升自己理论实践素养与服务社区百姓和分忧村委领导工作原则相结合原则的过程中，按照钱庙村理事会章程的规定，吸收有志于参与和推动钱庙村经济发展进程、愿意作出积极贡献的同志为常务理事。而且现任村干部60周岁退休后，将转到理事会工作，为村集体经济的发展继续发挥余热。并积极实现引进来、走出去，到田间地头、到百姓家中的便民措施方法，共同促进钱庙村社会建设的发展。理事会成员的工资由村子及社区发放，每月700元/人，而在当地村干部的工资每月才600元/人。

二 钱庙村理事会取得的成果及案例分析

1. 取得的成果

几年来，理事会共成功调解民事纠纷76起，全村无民转刑、民转治安案件，零上访，为钱庙社区的发展创造了和谐稳定的社会环境；根据群众意愿，向村两委提出发展企业的建议5条，为全村经济发展作出了极大的贡献。理事会成功处理了比较典型的事件有QXW、ZJX离婚事件、ZJR女儿离婚事件和SDL赔偿事件，为化解民众纠纷作出了重要贡献，也得到了上级领导和现任村委会的肯定，更得到了钱庙社区老百姓的肯定。在我们访谈的十来户人家中，他们都高度赞扬了理事会所作出的努力。

目前，新农村建设正在如火如荼地展开。从新农村建设大局出发，我们需要妥善处理农村实际生活中的纠纷和烦恼。这些纠纷属于人民内部矛盾，是可以用对话及协商的方式解决的。但如果解决不好，也会造成一定的消极影响，制约新农村建设。理事会便是农村中处理群众纠纷的有效形式之一，能够在日常生活中解决和人民

第四章 钱庙村社会组织和民间组织

群众息息相关的一些问题,其民主化的解决方式得到了基层群众的认可和拥护。

2. 案例分析

案例1:QXW 和 ZJX 离婚事件(摘自课题组对钱欣卫和张吉祥访谈记录)

钱庙的 QXW 初中毕业之后就一直在广州打工,在那里通过自由恋爱认识了一个外乡的女孩,并同居在一起。他们俩经常吵闹,关系也是分分合合,他家里父母觉得这样下去也不行。于是在2010年下半年,其父母在老家即钱庙的邻乡给说了媒,介绍了个钱庙邻乡的对象叫 ZJX,他也同意了,后来回来结了婚。可就在他结婚的晚上,在广州要好的女孩也来了,QXW 将这个女孩偷偷地接到其父母家,自己却继续完成了和张吉祥结婚的所有过程,婚后的第二天 QXW 就和广州要好的女孩子一起回了广州,ZJX 也随后去了,但 QXW 不怎么搭理她,在那边大吵大闹后 ZJX 还是回来了,后来慢慢地她知道了原来丈夫有外遇。这让一个妻子怎么能受得了,于是她经常吵闹和生气,她婆婆想找个借口把她退掉,说她不孝顺。吵闹越来越激烈、越来越频繁。但 QXW 和 ZJX 没有领结婚证,于是还是婆婆首先找到理事会要求处理这件事情。ZJX 知道了自然更生气了,于是也向理事会反映了,为了那一口气说什么也不离婚。Q 家想用3万元私了。ZJX 不同意,她想继续生活,婆婆就开始有事没事地挑刺,说她不孝顺。就这样闹啊吵啊,ZJX 自己也觉得实在过不下去了。于是同意离婚。

通过了解整个案件,钱庙村理事会分析如下(摘自课题组对理事会的访谈记录）：

（1）本着中国传统伦理精神，首先同情 ZJX，并认为她是案件中最大的受害者并且又是嫁到本村的外乡人，鉴于案情已无复合的余地，因此无论从事实还是感情上都应该给予 ZJX 以赔偿。

（2）QXW 家本身也没有想到会是如此结果。QXW 的父母也向我们表示了他们的遗憾和道歉。他们本意也是希望自己的儿子可以本本分分地生活。可是没想到夫妻俩的一厢情愿倒酿造了这一后果。先前希望通过 3 万元私了，可是最近 QXW 又受了工伤，因此需要钱治疗。至于赔偿额度他们自己定。

（3）由于外乡人嫁入本地已成为外出务工人员或流动人口，因此这件事的处理还要考虑到后续的影响，综合考量。

理事会的对策方法（摘自课题组对理事会的访谈记录）：

（1）两地有威望的党员同志联合处理。由于 ZJX 是外乡人要做通她娘家人的工作，能够坐下来谈这件事，还需要其娘家所在乡有威望同志的配合。因此理事会委派刘学政和刘传章一起到 ZJX 的娘家，找到了当地的村书记进行协商，让该书记做通她以及她娘家人的工作。

（2）理事会派 QJR 这位 QXW 家的老长辈来做通男方工作。QXW 家必须当着女方及家人的面正式道歉。由于 QXW 因工伤不能回来，理事会需要做通其父母工作代为道歉。这样于情于礼才能说得通，并能将对两家人的伤害降到最低。

（3）特事特办，使两家人看到理事会对该案件的高度重视。由理事会专门设立办公地隔壁的一间房屋作为作为纠纷调解的中介和场地，配备一些茶水座椅，按照心理学上合适的摆设来陈设，使得双方在环境上感受到最好的调解氛围。

(4) 每次调解前和调解后理事会都必须集体讨论案件的处理问题，调解的经验教训和心得体会，以及下一步的做法，并安排专人记录，作为档案封存。

(5) 安排双方自由讨论时间，理事会不干涉。在涉及金钱及物质赔偿问题上一定要讲清楚、双方都要讲懂并接受。

处理事宜（摘自课题组对理事会的访谈记录）：

(1) 男方做得不对的地方男方家长代表道歉。

(2) 女方接受男方1.6万元精神赔偿金。原来的嫁妆全部退回。

(3) 女方由邻乡书记及陪同的家人接回娘家。

(4) 双方在第三方在场的情况下签订约定，互不再找。

案例2：ZJR女儿离婚事件（摘自课题组对朱家尧女儿的访谈记录）

2011年上半年，QY的儿子和ZJR的女儿明媒正娶、正式过门，还做了个花轿的情况下完成了结婚典礼，可谓是好不热闹，二人正式成为夫妻。但是由于结婚仓促，婚前双方对彼此了解较少，他们新婚期间便吵吵闹闹，两三个月不过夫妻生活，一吵闹就连累到双方父母。虽然有很多亲友劝说但都没有效果，二人的性格太不合适了，可以说是两个最不应该在一起的人到了一起，彼此所落下的都是恨的积累，最后实在过不下去了，女方找到理事会，并首先提出离婚，不过在赔偿少赔偿多的问题上两家人又吵到了理事会。

理事会对案例的分析如下（摘自课题组对理事会的访谈记录）：

(1) 双方性格不适且离婚已决，没有挽回的余地，在事件中男女双方及家人都是受害人，但从中国传统考虑，女方的受害度相比更深，因此男方要赔偿女方。

(2) 结婚仪式可谓轰轰烈烈，这是钱庙村人有目共睹的，男女双方都是高度看重的，尤其是男方。因此，最后闹成这个样子也是大家不希望看到的。

(3) 女方首先提出离婚，因此可以根据男方提出的赔偿和女方的意向赔偿进行协商、确定。

(4) 两家人都是钱庙本地人，理事会里的老干部都是曾经的钱庙村支委、村长、村书记，都是有着很多年工作经验和积累来的威望的老同志，说话比较有分量，两家人都会认认真真考虑，因此要充分发挥理事会的作用在其中斡旋，尽量让他们自己协商赔偿额的确定。

理事会的对策方法是（摘自课题组对理事会的访谈记录）：

(1) 先由老干部出面稳定两家人的情绪，让他们坐下来谈。由于这对新婚夫妻的争吵延伸到两个家庭、两个家族的争吵，因此，老干部必须出面进行协调，使两家人在听到有分量的话后能够冷静下来思考解决的方法。

(2) 老干部要晓之以理、动之以情。运用一些心理咨询的方法结合自身的经验积累和实践，找到两家人思想上的契合之处。

(3) 特事特办。由理事会专门设立办公地隔壁的一间房屋作为纠纷调解的中介和场地，配备一些茶水座椅，按照心理学上合适的摆设来陈设，使得双方在环境上感受到最好的调解氛围。

(4) 步步为营、循序渐进、速战速决。计划通过一周时间、3

次调解，依次为 6 个小时、4 个小时、2 个小时的时间来做到最佳处理效果。

（5）每次调解前和调解后理事会都必须集体讨论案件的处理问题，调解的经验教训和心得体会，以及下一步的做法，并安排专人记录，作为档案封存。

（6）安排双方自由讨论时间，理事会不干涉。在涉及金钱、物质赔偿问题上一定要讲清楚、双方都要讲懂并接受。

处理事宜（摘自课题组对理事会的访谈记录）：

（1）女方退回三金，嫁妆女方自愿不要。

（2）男方将女方的衣服退回去，女方由家人接回娘家。

（3）双方在第三方在场的情况下签订约定，互不再找。

案例 3：SDL 赔偿事件（摘自课题组对 SDL 父母的访谈记录）

2011 年 12 月，钱庙的 QSQ 开车撞倒了正从钱庙邮电局下班的 SDL，伤得不大但惊吓过度导致意识模糊。她本来身上带了一个价值 2000 多元的手机，结果在送去医院的过程中钱也丢了，手机也丢了。等 SDL 家人到场了解情况后，和肇事方争吵起来，并报到我们理事会这里想通过私了解决。

理事会对案例的分析如下（摘自课题组对理事会的访谈记录）：

（1）首先 SDL 有伤但无危险，惊吓过度这方面需要进行后续治疗。

（2）QSQ 不守交通规则且无驾照，导致了这一事件的发生，QSQ 负主要责任。

（3）当时在场的也就 QSQ 和 SDL，以及一些围观救援者，虽然钱和手机的丢失可能与 QSQ 无关，但正是因为他的原因导致了后面事件的发生，在对方强烈要求下 QSQ 还是需要赔偿的。

理事会的对策方法是（摘自课题组对理事会的访谈记录）：

（1）当事人双方都是钱庙本地人，因此通过做工作，寻找双方诉求的结合点。尽量将钱花到该用的地方，且使钱高效利用，尽量避免浪费。

（2）QSQ 本人必须当着 SDL 及其家人的面正式道歉。这样于情于礼才能说得通并能将对两家人的伤害降到最低。

（3）特事特办，使两家人看到理事会对该事件的高度重视。由理事会专门设立办公地隔壁的一间房屋作为作为纠纷调解的中介和场地，配备一些茶水座椅，按照心理学上合适的摆设来陈设，使得双方在环境上感受到最好的调解氛围。

（4）步步为营、循序渐进、速战速决。计划通过两周时间 4 次调解，依次为 3 个小时、2 个小时、2 个小时、2 个小时的时间来做到最佳处理效果。

（5）每次调解前和调解后理事会都必须集体讨论对事件的处理问题，调解的经验教训和心得体会，以及下一步的做法，并安排专人记录，作为档案封存。

（6）安排双方自由讨论时间，理事会不干涉。在涉及金钱及物质赔偿问题上一定要讲清楚、双方都要讲懂并接受。

（7）做通 QSQ 工作，劝导他在获得驾驶证的基础上再从事驾驶工作。

处理事宜（摘自课题组对理事会的访谈记录）：

（1）QSQ 首先赔偿 SDL2000 元和一部手机。

（2）其余的医疗及后续费分 3 批给 SDL。

（3）SDL 在经过 CT 等检查身体无碍的情况下尽快出院。

（4）双方在第三方在场的情况下签订约定，按约定执行。

第二节　钱庙理事会的章程分析

一　章程总则

钱庙社区理事会的章程总则规定了钱庙社区理事会的性质、宗旨、指导思想、工作目标和领导监督方式，厘清了理事会成立和发展的基本原则。钱庙社区理事会的性质是本村村民为了实现自我管理、自我教育、自我服务，而自发组织起来的非营利的群众性组织。钱庙社区理事会的宗旨是以本村村民为服务对象，以协调本村日常事务，促进本村经济发展、村民增收为宗旨。该自治组织以加强村内的精神文明建设、坚持政治思想、增强村民爱国主义、集体主义和艰苦创业为思想观念，以加强社会公德、职业道德建设，引导村民树立正确的世界观、人生观、价值观，使本村成为学先进、树标兵、扶正祛邪、扬善惩恶的大家庭为指导思想。以经济发展为中心，坚持社会主义经营方向，坚决执行对外开放、对内搞活的方针、加强横向协作，把钱庙村建设成为一个有社会主义特色的现代化新农村为工作目标。章程总则还规定该理事会严格执行党的政策、遵守国家法律法规、接受上级有关部门及村、支两委监督等监督机制。

二　组织机构的产生及职权

钱庙社区理事会章程的第二部分对理事会的组织机构和职权做了详细的规定，从而规范了理事会的组织形式和产生方式，界定了理事会的具体职权范围。

（1）章程规定钱庙社区理事会的最高权力机构是村民代表大会，理事会组织机构的产生方式是由各村民小组选举组成。钱庙村理事会的具体职权是：①贯彻执行国家政策有关规定；②制定和修改理事会章程；③选举和罢免理事会成员；④审议理事会提出的各项工作报告，经三分之二以上代表同意形成决议。依据章程规定村民代表大会每半年召开一次例会，遇有重大问题需要讨论时，可随时召开特别会议，代表大会须有超过代表总数三分之二的人出席，到会代表过半数通过，形成的决议方才有效。村民代表大会每届三年，因特殊情况需提前或延期换届的，须经代表大会讨论通过，并报上级有关部门批准。

（2）章程规定理事会是村民代表大会的机构，在代表大会闭会期间，开展日常工作。钱庙社区理事会的日常工作职责是：①执行国家法规政策，执行村民自治章程；②执行村民代表大会的决议并向其报告工作；③聘用理事会工作人员，定期向村、支两委汇报工作，重大决策以书面形式，报村、支两委审批；④组织理事会的日常工作，为村民提供各项服务；⑤协助村委会管理好集体所有的土地、财产，支持和监督本村集体经济组织的各项工作；⑥积极调解民间纠纷，促进村民和睦、开展群防群治，搞好社会治安综合治理；⑦办理本村的公益事业。

第四章 钱庙村社会组织和民间组织

章程对理事会的组织人员构成也做了详细的规定：理事会设理事长一名，主持理事会的日常工作，并对理事会工作负全面责任。副会长一名，协助会长工作，理事会成员七人，分别负责土地、经济发展、农业服务、乡村建设、民事调解、社会治安、公益事业等工作，理事会按民主集中制原则开展工作，重大问题需半数以上成员同意才能形成决定。

三 理事会社会发展、日常事务的管理

钱庙社区理事会章程根据钱庙社区理事会的性质、宗旨、指导思想、工作目标等制定了为促进当地经济发展的日常事务工作细则，指导理事会围绕经济建设为中心展开社会服务工作。钱庙社区理事会章程中规定的理事会的日常事务包括：参与村庄管理、参政议政、监督、科技兴农、环境保护、维护社会公德、计划生育、治安管理等方面。理事会参与村庄管理和参政议政的职能表现在理事会负责协调上级对乡村建设的统一规划，包括新村、厂房、道路、环卫、公共设施的规划，以及对承包地的统一调整。国家和集体征用或调整土地时，帮助村民按国家有关政策落实土地补偿费。帮助本村村民完善土地承包经营机制，土地承包者若有流转他人，由理事会制订具体方案，报村民委员会审批。

理事会在科技兴农方面也大有作为。帮助农民搞好农业技术培训，推进完善农业社会化服务体系，提高农业科技含量。推进农业产业结构调整，促进农业增效、农民增效。

此外，理事会作为群众性自治组织，在监督村里干部廉洁和村集体经济运行方面也可发挥重要作用，进一步促进当地集体经

济的发展：认真监督村级集体经济的运行状况，正常开支定期审计，专项开支专项审计，干部离任，进行离任审计，并将每次审计结果公布。另外，理事会还应该大力倡导婚事俭办、新办，自觉抵制旧俗、旧习惯，提倡厚养、薄葬的原则，丧事简办，实行火葬。在环境保护方面要倡导村民增强环境意识，保护生态环境，维护公共卫生和村容整洁。理事会还有维护社会公德，协调解决村民之间发生的矛盾，制止打架斗殴，说服村民建立良好的邻里关系的职能。

计划生育工作是农村村庄的重要工作，由于传统观念和其他因素往往成为重点工作和难点工作，村级计划生育干部的人员少工作量大成为计划生育工作的瓶颈问题，对此钱庙社区理事会规定理事会有协助村计划生育办公室及上级计生部门，做好本村的计划生育工作的职能，还要协助综治办、派出所，认真搞好本村治安防范工作，把村庄建设成为有社会主义特色的现代化新农村。

在参与村集体的经济发展方面，理事会的主要作用在于密切干群关系，就共同关心的村庄经济发展问题及时准确地和干部群众沟通信息。理事会在村民中广泛收集能推动本村经济发展的相关信息，并及时整理上报村民委员会审批。对村民委员会立项的决议，协助村委会做好民意调查工作，对多数村民不满意的项目，有权代表村民向村民委员会提出质疑。代表大多数村民积极推动本村经济发展，对少数阻碍经济发展的村民进行说服教育，直至其理解、支持。

四 理事会的成员管理

钱庙社区理事会注重成员管理对理事会成员的准入和辞免都做

了详细的规定。章程规定理事会成员由村、支两委或各村民组提名推荐，经村民代表大会无记名投票选举产生，需有2/3以上到会代表的同意方可当选。理事会成员应具备下列条件：①遵纪守法，能贯彻执行国家的方针政策；②具有一定文化，有较强的组织能力；③热心农村公益事业，办事公道，团结群众，在群众中有较高威信；④身体健康、能坚持正常工作；⑤具有完全民事行为能力。

理事会成员本人主动要求辞去所任职务的，应向理事会提交辞职报告，由理事会书面告知村民代表，征求代表意见后作出决定，同意辞职的，下达同意辞职通知书。理事会成员因本人健康状况等原因，不宜继续担任现任职务的，由理事会劝其提交辞职报告或由理事会提议，经村民代表表决同意，做出免职决定。理事会成员工作出现重大失误或犯有重大错误，由理事会直接作出罢免决定。理事会成员被免除（或罢免）后，根据工作需要，可及时进行补选。

五　理事会的财务管理

钱庙社区理事会的财务是采用政府购买服务的形式来实现的，钱庙社区理事会的经费来源由村直接拨付。理事会在为村民办理事务、解决问题时不收取任何费用，不设置财务机构。

第三节　钱庙村理事会的制度建设

钱庙村理事会在借鉴邻村理事会的基础上根据本村的特点制定了宗旨、章程、主要任务等，形成了完整的理事会章程。在维护社会稳定方面起到了基层政权的左膀右臂的作用，完全达到了创办当初的预期目标。总结起来,钱庙理事会的成功经验主要有以下几点值得借鉴。

一 有一支锐意进取的社区领导干部团队

作为整体,领导队伍体现着中国传统的地域文化精神与现代社会公平正义精神及合作意识的完美融合。基层领导干部为群众办实事,不仅需要长远的眼光,更需要敢作敢当的责任感和不计较个人得失的奉献精神。无论是从理事会建立动机上还是在筹资准备的活动中,以刘利为核心的领导团队都给予了理事会成员坚定的信心和积极的支持。社区支付理事会成员每人每月 700 元的工资,而村干部每人每月的工资只有 600 元。

二 依靠中国传统的风土人情,面向现代化的工作方法

虽然钱庙村的理事会成员基本上是年过花甲的老人,但是他们工作仍然非常认真,经常聚在一起讨论已经处理过的事件,彼此分享着经验和心得,并以此为案例,讨论处理问题的技巧。他们在相互争论中权衡处理事件效果的利弊之处,从而选择相应的方式方法。

三 自发运用处理问题的技巧

老干部将他们在几十年的时间中积累的经验灵活运用到现在的理事会工作中,而且深入细微之处。比如在处理一些案例时,他们反复讨论如何选择房间以及房间里物件的选择、摆设。这些事宜都要遵守和符合当地的风俗习惯,考虑到人情冷暖,以达到当时双方

心理上的平衡。他们会通常考虑以下方案：①为达到安静、保密的要求，应当能够保持安静，有较好的隔音、隔离设施。②为使群众感到亲切、和谐、平静、安全、放松，专用的房间面积一般不宜过大，内部设施可以简单些，房间装修尽可能减少硬线条和棱角，室内要整洁，光线要柔和；室内色调以中性为主，尤其不要过于灰暗，在必要的地方可放上鲜花或盆花，以示生命力。③咨询室配置两张单人沙发椅，一个茶几或一张办公桌。咨询时来访者坐的位置以同咨询者成90°直角为宜，这样可避免来访者与咨询者对视，减轻来访者的心理压力。座位也可排成平行式或交叉式。④咨询时应有规范的咨询记录卡，咨询结束及时存档；房间里还可配备采访机、摄像机、录音机或CD放音机，多媒体电脑等设备，以备需要时使用。

四　采取中立性原则，实行模糊性策略

在理事会处理的案件中大多数是两个家庭间的利益纠葛，很少有牵扯到多个家庭间的复杂的利益纠纷的发生。因此，理事会通常采取中立性原则。在证据不明朗的情况下，对两方的争论观点都予以承认。理事会不追根究底，当事方愿意说多少就分析多少。如果处理过程中有偏差，矛盾双方当事人自然会说出来，如果当事人不想说，理事会也会尊重其及家人的个人意愿。模糊化处理的好处是显而易见的，既尊重了矛盾双方的隐私，又突出了主要的焦点问题。

五　理事会成员积极争当"五员"

①争当"宣传员"。经常上门上户用聊天谈心的形式，宣讲政策

方针，征求群众意见，教育引导群众主动参与。②争当"组织员"。组织投工投劳、规划建设、筹集资金、发展生产等。③争当"服务员"。为家庭劳动力较少、经济较困难的农户提供帮助。④争当"调解员"。解决实际的问题和冲突，妥善处理各种矛盾和纠纷。⑤争当"监督员"。对基础设施建设的工程进度、资金使用等进行监督。

钱庙理事会成员在工作

六 政治学习与理论实践相结合

理事会资料室有很多图书，从毛泽东思想到科学发展观，配套齐全。理事会成员定期学习研讨，使自身业务素质和工作能力得到提高，从而实现自己继续发挥余热的作用。

中国作为一个发展中国家，需要长期持续的经济发展及制度性的社会稳定，民主化也是国家建设所要达到的目标。而乡村民主及社会组织对维系中国目前的社会稳定可以有多方面的贡献，并培养了公民精神和日益推动中国整体的民主化进程。党和政府要大力培育和扶持社会组织的发展，以规范管理、优化服务促进党委政府与社会组织合作，形成社会管理和社会服务的合力。钱庙社区理事会是对基层社会组织的一个创新，也是农民参与公共管理的一条重要渠道，其模式值得推广。因为它根植于淮河流域传统风土人情的土壤，有着面向现代化的社会工作方法，通过创新现代社会管理方式的探索，形成了新农村建设中社区发展的一种新的管理模式与公民精神，从而自发适应了社区经济社会发展的需要。我们期望在现实条件下，加快构建党委政府与社会组织之间的"伙伴关系"，进行社会组织管理体制的增量改革，即，一方面逐步推广某些社会组织（如钱庙社区理事会之类）的成功经验；另一方面根据地方实际，允许原有体制下的特定例外，逐步进行管理改革。

第四节　钱庙理事会在农村社会管理中的功能与生成研究[*]

一　钱庙理事会在农村社会管理中的功能分析

1. 参与功能

家庭联产承包责任制推行以来，集体制逐步解体，原来一起出

---

[*] 安徽省社会保障研究会"安徽农村社会组织在参与乡村社会管理中的功能研究"课题组，课题组长：辛朝惠、严方才、陈干泉；课题组成员：段贤来、黄佳豪、夏波、常小美。

工劳动、开会以及集会等公共生活被个体化的活动所取代,再加上生产模式的转型带来的原有生产经验的落伍,使得老人们参与社会活动的公共空间与机会都急剧减少,并逐步退缩到家庭的狭小范围,社会参与的愿望遭到极度挤压和限制。① 当公众缺乏参与机会时,他们就越不相信现存社会的合法性,藐视现存制度,从而更容易卷入反社会的集体行动之中。② 借助社会组织,使社会中各个利益群体能借助组织表达自身的利益诉求,是"原子化"社会中公众参与得以实现的现实路径。

经济理事会成立后,以前处于"原子"状态的老人有了自己的组织。村内老人通过组织加强了相互之间的交流,满足了相互交往的欲望,并将分散、独立的老人组织起来,重新回归村庄舞台,积极参与村庄公共事务,承接了许多基层政府管不了也管不好的事:整治村容村貌、教育青少年、参与社会治安维护、协助计划生育工作等。老年人及老年组织从这些集体行动的参与经历中获得更大的力量,老年人的内部效能感(internal efficacy)与外部效能感(external efficacy)同时增强,获得了村民的认同与尊重,精神生活得到了充实,心理得到了满足,情感获得了保障。

2. 协调功能

村内家庭矛盾、邻里纠纷时有发生,如不及时解决,有可能造成严重的后果。这些事情虽小,但令村干部很头疼,身处其中而不

---

① 胡宜、魏芬:《复兴孝道:老年组织与农村养老保障——以洪湖渔村老年协会为例》,《中国农业大学学报》(社会科学版)2011年第4期。
② Kornhauser William. *The Politics of Mass Society*. New York: The Free Press, 1959.

得要领。钱庙理事会主要是由老干部、老知识分子、老党员等德高望重的老人组成,充分发挥老人年长、辈分高、有威望、有时间的优势特质,通过调动血缘认同和内化道德规范来发挥重要作用,从而确保了安定局面,使得村干部能够全身心地投入到村庄经济建设中。

经济理事会的7名理事则是有偿的专职矛盾协调者。他们有专门的办公室,每天按时上班,每人每月从村委会领取700元的工资,集中精力发现矛盾、分析矛盾、解决矛盾。理事会自2006年4月成立以后,第一年处理20多起民事纠纷,以后一年比一年少,2011年只处理16起,问题纠纷越来越少。经济理事会解决纠纷的主要方式是"酒桌释恩怨",比如村民打架,理事会首先开会研究、讨论对策,然后把谈判桌移到酒桌上,当事人要边吃边谈、边喝边议。理事会在陪同矛盾双方喝酒、吃饭的过程中将矛盾化解。当然,餐饮费都是村委会予以报销,并不由当事人埋单。理事会客观公正、人性化的处事风格赢得了村民的广泛赞誉,从而进一步巩固了其原有权威。村里曾发生了一起交通事故,本应由交管部门协调处理,而当事人并没有报警而是直接要求理事会介入。理事会的问题解决之道不仅让当事人心悦诚服,更是让理事会声名鹊起。

3. 救助功能

经济理事会依靠村委会资助维持运转,没有独立经济,很难独立开展救助活动。但在钱庙,村委会与经济理事会规定所有党员实行"四个一"工程,每个党员每月至少做一件好人好事、每月至少捐助1元钱、每月至少向支部提出一条合理化建议、每个支部每月至少看望一次特困五保老人。所有党员干部包括理事会的老人每月开会时都要捐钱，捐款底线是1元，高不封顶，一年下来也有近万元。每逢节日，村委会与经济理事会就会用这些钱去慰问那些孤寡老人、五保老人、困难老人及其他困难村民，同时，村委会也会在原有捐款基础上适当追加一部分资金以加大救助的力度。

4. 舆论功能

费孝通先生曾指出中国乡村社会是一个"熟人社会"。在一个生于斯、长于斯，"脸对脸"的熟人社会里，村庄共同体对几乎每一个农民都有道德伦理和行为逻辑上的规范能力。子女只有孝顺父母才是合乎人情的行为，否则，就是不近人情，就会被贴上异类的标签，从而被社区边缘化。但在农民流动性加剧和市场经济理念深入人心的状态下，村庄逐步丧失其道德规范与舆论制裁能力。老人组织化为重塑舆论氛围，形成群体压力提供了可能。

经济理事会每年会选择一批敬老家庭，公之于众并由理事会制作牌匾挂于村民门口。每到挂牌之时，接牌村民会早早地候在门外，鞭炮茶点准备齐全。理事会同时也会对不孝敬老人的子女予以通报批评，并表示要在这些子女门口挂上"不敬老家庭"的牌匾。列入"不敬老家庭"名单的子女为了顾全面子不得不去找理事会求情，并表态或立据要孝敬老人。对理事会而言，挂牌不是目的，只要达到震慑的效果即可。鉴于此，理事会对当事人动之以情、晓之以理，加以教育引导，并不真正挂牌。虽不挂牌，但原来不孝敬老人的子女大都会有所改观。在狭小的村庄里，舆论是一种强大的压

第四章 钱庙村社会组织和民间组织

力,它可能是人们的一种骄傲,也可能是一种羞辱和鄙视,直接关系到人们的面子与自尊。因此,村民们不得不重视公众舆论的压力。

二 生成机制分析

1. 社会空间的释放

尽管钱庙理事会有自己的完善的组织机构,但是在实际情形中,与其他民间组织存在明显不同。经济发展理事会并未像其他组织那样必须经过主管民政部门的登记才算合法。除了村委会是严格按照国家的《村民委员会组织法》产生和登记外,经济发展理事会并未严格按照《中华人民共和国社会团体登记和管理条例》和《民办非企业单位登记和管理条例》进行登记和管理。"可是这些未登记的民间组织无论从官方还是从村民的角度看,都认为是合法的。其主要的合法性依据便是上级党和政府的文件及规定,在村民和村干部的眼中,这些内部规定与公开的法律是完全等值的。"① 虽然老年组织并没在社团管理部门登记,不具有"形式合法",却在村庄内部具有"实质合法",关键就在于社会空间的释放及政府的"选择性管理"。

在中国现有的权利结构下,并不是政府管不了,如果地方政府感兴趣、有动机对一些新成立的社团组织实行管理,那么该组织基本会落在政府治理框架之内。但是,地方政府对上级政策的执行是基于"利益最大、责任最小"标准进行选择的。地方政府往往忙于

---

① 俞可平:《中国农村民间组织与治理的变迁——以福建省漳浦县长桥镇东升村为例》,俞可平等著《中国公民社会的兴起与治理的变迁》,社会科学文献出版社,2000。

执行那些易于衡量、具有一票否决力量、与他们仕途发展密切相关的任务。选择性"忽略"的管理策略导致的中层管理的空虚，最终为农村老年组织自主性的获得提供了可能。而且，老年组织既是一个老年福利互助组织，也是一个社区公益组织，这些组织充分利用老年人的优势，减少了政府的负担，因此，作为政府应让这些农村社会组织自由发展，也不必计较这些社会组织是否登记注册。另一方面，大部分农村老年协会组织在没有外在压力和利益诱导下，自然会选择最低成本、最少限制的发展战略，也就不会去民政部门注册，甚至也不进行备案。

2. 公共服务的需求

在土地集体所有、压力型体制及两委关系混乱的背景下，村民自治组织的行政化倾向非常严重，结构类似政府，对上不对下，村民实不自治，村庄的公共服务问题得不到解决，迫切需要政府以外的力量能够有效解决公共物品供给方面的市场失灵与政府失灵问题。也正是村民对公共服务的强烈需求直接导致了经济理事会的生成，这一老年组织能更容易接近公共物品的服务对象、更敏感地对服务对象的需求作出反应。

县级公路从钱庙经过，由此发展了街道经济。既务农又经商或专门经商的个体户日益增多，商业竞争带来了一系列的邻里矛盾。尽管矛盾不大，也要闹得鸡飞狗跳，都要拿到村干部那里讨要说法。村干部被社区琐事缠得焦头烂额，村民对社区生活环境还很不满意；钱庙西与颖上县迪沟开发区接壤，南与张集矿毗邻，北与朱马店镇相连，东靠顾桥镇皖北大米市场，周边地区发展态势良好。另外，钱庙自然资源匮乏，经济发展严重滞后，2006 年时还欠 30 万元外债。村民对富裕的强烈渴望与落后的经济发展水平形成了尖锐的矛盾,直接导致干群关系紧张,群众之间关系复杂;"文化大革命"时期的乱砍滥伐对自然资源的破坏造成钱庙环境恶化,每到春耕和秋耕的时候不是春洪,就是秋洪,到了夏天还容易内涝,四面环水,大有大淹,小有小淹,因此常年农业收成都不好,过去经常有人逃荒。如何集结力量恢复生态、挖沟渠兴修水利也是钱庙亟待解决的难题。经济理事会此时作为农村民间社会的结构性要素,恰好能为村民满足对安定生活环境的需求、有序经济环境的需求、良好居住环境和农业发展环境的需求提供机会、途径和手段,同时也为村民自治和社区管理提供了必要的基础条件和组织形式。

3. 农村精英的引领

农村精英包括经济精英(取得了一定的经济地位)、政治精英(在政府政权体制中占有一席之地)、文化精英(能说会道,文化知识渊博)、社会精英(处事公正、乐善好施、资历老,辈分高)。农村精英处于官系统和民系统接触的边际地带,是农村社会关系网络的核心与节点,在社区中的地位和发挥的作用极其重要。不管是老年组织的建立,还是老年组织以后的良性运行都与这些精英紧密相关。刘利书记则是钱庙老年组织化的关键人物。刘利祖辈都是钱庙人,自己在外开厂富裕起来后不忘乡邻,努力先富带后富,在村中威望很高。2006 年担任村党总支第一书记。之后,刘利充分利用自己的特长探索钱庙经济社会发展之路,大力发展集体企业,成绩斐然。刘利考虑到村委成员时间能力有限,若以最大的精力投入社区经济发展上,必须处理好各种经济发展所导致的纠纷和矛盾。很多老干部、老党员退下来之后依然希望为本村发展作点贡献，迫切需要打造一个平台发挥他们的余热，为钱庙更好更快发展献言献策。鉴于此，刘利决定成立经济理事会，专门协调解决经济发展过程中所出现的问题，为钱庙经济建设服务。他将成立经济理事会的想法首先在村委会会议上提出，详细分析了这一老年组织在钱庙经济建设与发展过程中的重要意义，获得了村委会其他成员的一致认同与支持。然后，刘利召集村里几位德高望重的老人开会，将自己的计划和盘托出。几位老人都是退下来的老干部、老教师、老党员、老模范，政治觉悟高、威望高、处事公正、服务意识强，一听要成立经济理事会纷纷赞同，要求贡献自己的一份力量。老人们用一辈子积累了年轻人无法企及的处事经验，加上拥有充足的时间、在家族网络关系中占据着的有利地位，再加上他们自身强烈需要"社会认可"的心理需求，使他们具备了成为村落矛盾冲突化解最佳人选的条件。几人将章程的拟写、办公地点的选择、人员的加入、工作的展开等各项任务全部分配到位，资金的筹备以及理事的工资则由村委会解决。钱庙理事会于2006年4月29日正式成立，经济理事会从动议到策划、资金筹备，再到大会筹办与正式运行，都没有离开农村精英人物的引领。也正是这些农村精英的个人能力弥补了新建组织的制度化行动能力的不足，促使组织高效运转。

第五章　钱庙村的劳动、就业分析

第一节　劳动与就业

从农村劳动力的学术定义上看，农村劳动力是指乡村人口中年龄在16岁以上、经常参加集体经济组织（包括乡镇企业、事业单位）和家庭副业劳务的劳动力。实际上，一些完成九年制义务教育未满16岁以及提前辍学的青少年已经提前进入了劳动力队伍。在农村，并不存在60岁以上退休的概念，农村老年人只要有劳动能力，一般情况下一直到失去劳动能力前都在进行着有收入的劳动，实际上也仍然是农民劳动力。从劳动力的类型上看，农村劳动力主要包括以下四类：①从事农林牧渔业、农村工业、建筑业、交通运输业、商业、饮食业等各种生产活动的劳动力，从事采集、捕猎、农民家庭兼营工业等副业生产劳动并从中直接取得实物、现金收入的劳动力。②从事农村房地产管理、公用事业、居民服务和咨询服务业，卫生、体育和社会福利事业，教育、文化艺术和广播电视业，科学研究和综合技术服务业，金融、保险业，以及乡镇经济组织

（政务）管理等项工作，并取得实物、现金收入的劳动力。③国家向乡村调用的建勤民工，由集体经费支付工资或补贴的乡村脱产干部，到全民所有制单位或城镇集体所有制单位工作，并取得实物、现金收入的合同工、临时工。④自行外出就业但没有转走户口的劳动力，这部分劳动力成为农村转移剩余劳动力，俗称"农民工"。目前，这部分人口在全国已经超过了2亿，安徽超过了1200万人。

为了深入了解钱庙村村民的劳动和就业情况，调查问卷设计了家庭从业人员数、家庭经济收入类型、被调查者及家庭成员的主业、第一兼业、经营方式、主要职业以及就业地点等信息相关的内容。下面我们对这些问题进行详细的描述分析。

一 家庭劳动就业人口

从家庭从业人员数量来看，全部被调查家庭从业人员共计600人，占家庭总人口的62.4%，这与该村总抚养比42.6%的情况较为吻合。数据反映该村平均家庭劳动力数为2.4个，最多的家庭劳动力数为6个，最少家庭没有劳动力，标准差为1.1个。

二 家庭经济收入类型

从家庭收入类型来看，钱庙村以纯农业为主要收入来源的农户已经很少了，这个比例只有7.1%，而这部分农户主要是老年人家庭或家庭有重大疾病不能进行其他非农劳动的家庭，或者是农村土地流转之后产生的种植业大户，而绝大部分家庭都从事着其他非农兼业。在收入类型中，以"农业为主的兼业户"和"以工商业为主的兼业户"各占了村庄农户的约1/3，脱离了农业的纯工商户也占到了16.9%的比重，可见，钱庙的职业结构已经发生了很大的分化，农业已经不再是农村的主业，农民的收入来源已经向工商业发生了转移（见表5-1）。

表5-1 农户的家庭经济收入类型

单位：人，%

类别	频数	百分比	有效百分比
纯农业户	19	7.1	7.1
以农业为主兼业户	92	34.3	34.5
纯工商户	45	16.8	16.9
以工商为主的兼业户	88	32.8	33.0
靠他人供养	17	6.3	6.4
部分靠他人供养户	6	2.2	2.2
合计	267	99.6	100.0
系统缺失	1	0.4	
合计	268	100.0	

三 农民的主业和兼业情况

从钱庙村民的主业情况看，主业分布较为分散，其中种粮仍占最多的主业，但在所有主业类型中仅占1/5强，此外，从事工业、建筑业和家务劳动者也分别占12%、9.3%和13.5%。在主业分布中，从事第一产业的比例为21.8%，而从事第二产业的比例为21.3%，从事第三产业的比例为16.2%，从事第一产业和第二产业比例已经相当。从钱庙村民的兼业分布来看，以种植粮食为兼业的比例高达39.4%，这部分村民多数从事工业或商业，他们的种植收成主要来满足自己的需要，而种植收入在他们家庭收入中仅占很小的比例或忽略不计。此外，在种植产业之外从事建筑业作为兼业的比例也达到10.6%，农村村民从事建筑业有着工作时间灵活的特点，这些兼业劳动往往在农闲的时候从事，而在农忙的时候暂时停歇，而且所需要的知识和技术水平并不高，主要依靠劳力，所以在广大农村地区，建筑业的兼业一直都比较普遍。在主业和兼业劳动者中，从事家务劳动的比例也比较高，均在10%以上，这部分劳动者多为女性。此外，赋闲的村民比例也较高（见表5-2）。

表 5-2 主业和兼业分布

单位：人，%

类别		主业		兼业	
		频数	百分比	频数	百分比
第一产业	种粮	165	21.0	119	39.4
	林业	1	0.1	—	—
	牧业	3	0.4	4	1.3
	渔业	2	0.3	1	0.3
第二产业	工业	94	12.0	4	1.3
	建筑业	73	9.3	32	10.6
第三产业	运输业	18	2.3	2	0.7
	商业	32	4.1	2	0.7
	服务业	56	7.1	5	1.7
	乡村管理	12	1.5	3	1.0
	教育文化	6	0.8	—	—
	科教卫生	3	0.4	—	—
家务		106	13.5	45	14.9
赋闲		39	5.0	62	20.5
其他		176	22.4	23	7.6
合计		786	100.0	302	100.0

我们以受访对象为样本，通过他们之间分性别的主业和兼业分布看，不同性别间的主业和兼业都存在显著性差异（皮尔逊卡方检

验的显著性水平 Sig. = 0.000）。从主业来看，女性从事种粮的比例高于男性，而在工业、建筑业、商业中男性的比例都高于女性。而在兼业中，女性的兼业比例则低于男性，女性从事家务的比例则超过男性很多。可见，在农村，女性是农业的主要劳动者，而男性则从事第二、第三产业为主要收入来源。村庄的劳动性别分工还是较为明显的（见表 5-3）。

表 5-3　分性别的主业和兼业分布

单位：人，%

类别		主业			兼业		
		男	女	合计	男	女	合计
种粮	人数	88	21	109	62	10	72
	百分比	40.9	46.7	41.9	48.1	32.3	45.0
牧业	人数	1	—	1	1	—	1
	百分比	0.5	—	0.4	0.8	—	0.6
渔业	人数	1	—	1	—	—	—
	百分比	0.5	—	0.4	—	—	—
工业	人数	14	2	16	—	—	—
	百分比	6.5	4.4	6.2	—	—	—
建筑业	人数	28	—	28	24	4	28
	百分比	13.0	—	10.8	18.6	12.9	17.5
运输业	人数	10	—	10	2	—	2
	百分比	4.7	—	3.8	1.6	—	1.3
商业	人数	16	3	19	2	—	2
	百分比	7.4	6.7	7.3	1.6	—	1.3
服务业	人数	18	3	21	3	1	4
	百分比	8.4	6.7	8.1	2.3	3.2	2.5
乡村管理	人数	7	2	9	3	—	3
	百分比	3.3	4.4	3.5	2.3	—	1.9
科教卫生	人数	2	—	2	—	—	—
	百分比	0.9	—	0.8	—	—	—

续表

类别		主业			兼业		
		男	女	合计	男	女	合计
家务	人数	2	12	14	8	13	21
	百分比	0.9	26.7	5.4	6.2	41.9	13.1
赋闲	人数	11	—	11	9	2	11
	百分比	5.1	—	4.2	7.0	6.5	6.9
其他	人数	17	2	19	15	1	16
	百分比	7.9	4.4	7.3	11.6	3.2	10.0
合计	人数	215	45	260	129	31	160
	百分比	100.0	100.0	100.0	100.0	100.0	100.0

我们再以不同年龄组的主业情况来分析，不同年龄组的主业分布不存在显著性差异。从5-4中可以看出，从事种粮的村民主要集中在30~50岁组，青年人从事第一产业的比例不高。此外，老年人中赋闲的比例略高。由于调查样本较少，而列联表分类较多，所以表5-4可能并不能反映出不同年龄组从事主业的实际差异。

表5-4 不同年龄组的主业分布

单位：人，%

类别		年龄组						合计
		0~16岁	21~30岁	31~40岁	41~50岁	51~60岁	60岁以上	
种粮	人数	—	3	15	30	15	9	72
	百分比	—	42.9	44.1	48.4	51.7	33.3	45.0
牧业	人数	—	—	—	—	—	1	1
	百分比	—	—	—	—	—	3.7	0.6
建筑业	人数	—	2	6	10	5	5	28
	百分比	—	28.6	17.6	16.1	17.2	18.5	17.5

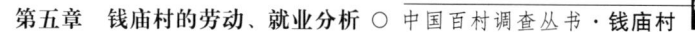

续表

类别		年龄组						合计
		0~16岁	21~30岁	31~40岁	41~50岁	51~60岁	60岁以上	
运输业	人数	—	—	1	1	—	—	2
	百分比	—	—	2.9	1.6	—	—	1.3
商业	人数	—	—	—	—	1	1	2
	百分比	—	—	—	—	3.4	3.7	1.3
服务业	人数	—	—	—	4	—	—	4
	百分比	—	—	—	6.5	—	—	2.5
乡村管理	人数	—	—	1	1	1	—	3
	百分比	—	—	2.9	1.6	3.4	—	1.9
家务	人数	—	1	4	11	4	1	21
	百分比	—	14.3	11.8	17.7	13.8	3.7	13.1
赋闲	人数	1	—	2	2	1	5	11
	百分比	100.0	—	5.9	3.2	3.4	18.5	6.9
其他	人数	—	1	5	3	2	5	16
	百分比	—	14.3	14.7	4.8	6.9	18.5	10.0
合计	人数	1	7	34	62	29	27	160
	百分比	100.0	100.0	100.0	100.0	100.0	100.0	100.0

四 农户的经营方式

从经营方式看，钱庙村民的经营方式比较分散，以责任田为主要经营方式的比例尽管仍占到30.5%，但是村庄中私营经济、个体经济和规模承包经营的比例也比较高，个体经营者占到10.9%，私营经济达到16.6%，尤其是这些经营模式带动了村庄的就业，实现了村民"离土不离村"的劳动方式，有利于村庄的长远和谐发展。此外，由于紧邻国有煤矿，在国有单位工作也有一定比例，而村庄集体经济较为发达，在集体单位工作的村民也有10.7%（见表5-5）。

表 5-5 村民的经营方式分布

单位：人，%

类别	经营方式	
	频数	百分比
责任田承包	165	30.5
个体经营	59	10.9
合作经营	5	0.9
家庭规模承包	9	1.7
私营	90	16.6
国有单位	13	2.4
集体单位	58	10.7
其他	142	26.2
总计	541	100.0

我们以被调查者为样本，从分性别的经营方式来看，尽管皮尔逊卡方检验显示性别之间的经营方式不存在显著性差异，但是从列联表的比例来看，女性以责任田承包为经营方式的比例高于男性，近7成女性仍从事农业劳动，而男性近4成多，而从事个体经营、私营和在集体单位工作的男性比例均高于女性。说明女性的经营方式比较集中与传统农业部门，而男性则有着更多、更灵活的经营方式（见表5-6）。

表 5-6 分性别的经营方式分布

单位：人，%

类别		性别		合计
		男	女	
责任田承包	人数	88	23	111
	百分比	44.2	69.7	47.8
个体经营	人数	31	4	35
	百分比	15.6	12.1	15.1

续表

类　别		性　别		合　计
		男	女	
企业主经营	人　数	1	—	1
	百分比	0.5	—	0.4
家庭规模承包	人　数	2	—	2
	百分比	1.0	—	0.9
私营企业	人　数	26	1	27
	百分比	13.1	3.0	11.6
国有单位	人　数	3	—	3
	百分比	1.5	—	1.3
集体单位	人　数	21	3	24
	百分比	10.6	9.1	10.3
其他	人　数	27	2	29
	百分比	13.6	6.1	12.5
合　计	人　数	199	33	232
	百分比	100.0	100.0	100.0

五　村民的主要职业情况

从村民职业分布来看，一般体力劳动者的比例最高，达到71.7%。这部分体力劳动者既包括从事农业的体力劳动，也包括在工厂、建筑工地等从事一般体力劳动的村民，其中农业劳动者又占据了较高的比重。此外，村庄中企业主管的比例为1.8%，这个比例尽管不高，但是他们是村庄的精英阶层，对村庄的经济和社会发展有着突出的贡献，对村庄的发展有着重要的引领和带动作用。技术人员和一般管理者的比例分别为6.2%和5.7%，他们是村庄的中坚力量，是构成村庄结构的重要组成部分。此外，还包括干部、教师、医生等社区服务人员，他们是村庄和谐发展的不可缺少的力量（见表5-7）。

表 5-7 村民的主要职业分布

单位：人，%

类别	主要职业	
	频数	百分比
国家干部	2	0.4
村干部	8	1.4
企业主管	10	1.8
教师	4	0.7
医生	2	0.4
技术人员	35	6.2
一般体力劳动	405	71.7
一般管理人员	32	5.7
个体工匠	4	0.7
其他	63	11.2
总计	565	100.0

我们以被访者为样本，从分性别的职业分布来看，不同性别之间职业分布不存在显著性差异，但是我们仍能发现职业分布的两性区别。如在国家干部、村干部、企业主管和技术人员中，男性分别有2人、6人、2人和17人，分别占到男性总人数的1%、3.1%、1%和8.9%，而女性只有在村干部中有1名，在技术人员中有1名。可见，在村庄的主导阶层中，男性占据了绝对的优势（见表5-8）。

表 5-8 不同性别的职业分布

单位：人，%

类别		性别		合计
		男	女	
国家干部	人数	2	—	2
	百分比	1.0	—	0.9

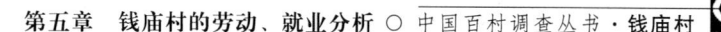

续表

类别		性别		合计
		男	女	
村干部	人数	6	2	8
	百分比	3.1	7.1	3.7
企业主管	人数	2	—	2
	百分比	1.0	—	0.9
医生	人数	1	—	1
	百分比	0.5	—	0.5
技术人员	人数	17	1	18
	百分比	8.9	3.6	8.2
一般体力劳动	人数	126	20	146
	百分比	66.0	71.4	66.7
一般管理人员	人数	10	1	11
	百分比	5.2	3.6	5.0
个体工匠	人数	2	—	2
	百分比	1.0	—	0.9
其他	人数	25	4	29
	百分比	13.1	14.3	13.2
合计	人数	191	28	219
	百分比	100.0	100.0	100.0

六 就业地点情况

从村民工作地点来看，"离土不离乡"的方式是村民工作模式的主流，在凤台县工作的村民比例为61.4%，而在本村工作的就超过了一半（见表5-9）。这种劳动方式占主流主要是因为当地矿业、工业和第三产业发达，使绝大多数劳动力能够在本地就业，解决了村民就业远离家乡的问题。但是在人多就业岗位不能完全满足的情况下,仍有 1/3 以上村民到外省打工,这部分人主要是村庄中的年轻人和男性,大城市的工作和生活条件对他们有着另一种层次的吸引力。

表 5-9 村民的工作地点分布

单位:人,%

类别	就业地点	
	频数	百分比
本村	322	52.7
本乡镇	22	3.6
本县	31	5.1
本省	26	4.3
外省	210	34.4
总计	611	100.0

我们以被调查者为样本,从分性别的工作地点来看,卡方检验显示性别之间的工作地点不存在显著性差异。我们从表 5-10 中看出,女性在本村工作的比例比男性高,近 9 成女性工作地点在本村,男性 3/4 工作在本村。而在外省工作的男性比例则明显高于女性。这与目前农村普遍存在的情况相符,男性是外出务工的主流,而农村留守人员中,妇女、儿童和老人成为主要人员。

七 全年从业月数

从对村民全年从事劳动的月份来看,钱庙村村民去年平均劳动了 10.5 个月,标准方差为 2 个月;最大为 12 个月,最小为 1 个月。即使从事农业的劳动者,在农闲之余多数从事其他兼业,工商业的发展使得当地农民已经摆脱了"农闲"的概念，勤劳致富的观念已经深入当地村民的心里。

表 5-10 分性别的工作地点分布

单位：人，%

类别		性别		合计
		男	女	
本村	人数	152	31	183
	百分比	75.6	88.6	77.5
本乡镇	人数	9	1	10
	百分比	4.5	2.9	4.2
本县	人数	8	—	8
	百分比	4.0	—	3.4
本省	人数	8	1	9
	百分比	4.0	2.9	3.8
外省	人数	24	2	26
	百分比	11.9	5.7	11.0
合计	人数	201	35	236
	百分比	100.0	100.0	100.0

数字反映的钱庙村劳动和就业有如下的特点：农民的就业方式出现了多元化的趋势。尽管农业仍然是钱庙的主要产业，但是从事第二、第三产业的村民比例已经大大增加。以工商为主、农业为兼业的情况逐渐成为就业的主流。伴随着就业方式和类型的多元化，农民的职业也出现了多元化，收入来源也多元化，而且出现了性别和年龄分化，女性和老年群体在就业系统中更容易处于弱势地位。

第二节　村民的经济参与与收入分配

首先我们看一看村民们对村庄收入差距的看法。问卷反映，钱庙村村民认为村庄内收入差距大的比例高达3/4，而仅有16.4%的村民认为"差距不大"（见表5-11）。可见，绝大部分认同村庄内已经有了较为悬殊的收入差距。

表5-11　您认为您村居民收入差距大不大

单位：人，%

类　别	频　数	百分比	有效百分比
过分悬殊	29	10.8	11.3
差距较大	163	60.8	63.7
差距不大	42	15.7	16.4
说不清	22	8.2	8.6
合　计	256	95.5	100.0
系统缺失	12	4.5	
合　计	268	100.0	

村民对集体经济的认同度较为一致，认为集体经济重要或非常重要的比例超过了8成。可见，绝大部分村民对集体经济持积极的肯定态度。仅有11.4%的村民认为重要性说不清。极少数人认为集体经济不重要（见表5-12）。

表5-12　您认为集体经济是否重要

单位：人，%

类　别	频　数	百分比	有效百分比
完全没必要	6	2.2	2.4

续表

类别	频数	百分比	有效百分比
不重要	7	2.6	2.7
可有可无	5	1.9	2.0
重要	131	48.9	51.4
很重要	77	28.7	30.2
说不清	29	10.8	11.4
合计	255	95.1	100.0
系统缺失	13	4.9	
合计	268	100.0	

村民参加经济合作组织的比例并不高，绝大多数村民没有参加经济合作组织，仅有27.8%的村民参加了（见表5-13）。产生这种状况的原因可能与被调查者家庭中其他成员参加了，没有把自己计算在内有关，也与村庄经济合作组织还不发达、对村民的吸引力不足有关。

表5-13 您家是否参加了经济合作组织

单位：人，%

类别	频数	百分比	有效百分比
参加了	64	23.9	27.8
没参加	166	61.9	72.2
合计	230	85.8	100.0
系统缺失	38	14.2	
合计	268	100.0	

那么影响村民收入的因素主要有哪些呢？通过问卷我们发现，没有技术是最主要的原因，此外，没有关系或门路、没有资金也

影响了村民的收入提高。由此可见，当前提高村民收入比较迫切的途径是加强对村民的技术培训。通过不同性别之间的比较我们发现，影响性别之间收入水平提高的因素不存在显著性差异（见表5-14）。

表5-14 影响收入因素与性别的交叉

单位：人，%

目前影响您提高收入的主要原因		性别		合计
		男	女	
没有关系或门路	人数	39	8	47
	百分比	19.7	19.0	19.6
没资金	人数	37	4	41
	百分比	18.7	9.5	17.1
没有技术	人数	59	23	82
	百分比	29.8	54.8	34.2
家庭负担重	人数	19	1	20
	百分比	9.6	2.4	8.3
其他	人数	44	6	50
	百分比	22.2	14.3	20.8
合计	人数	198	42	240
	百分比	100.0	100.0	100.0

从对村民出村天数的统计分析中发现，村民平均一年出村天数为120天，占到全年的1/3。其中，务工经商出村的天数比例最高，在82名出村务工经商的村民中，平均出村天数为183天，占到全年的一半以上时间，出村天数最多的一年350天在外务工经商。其次，赶集购物的时间在村民外出天数中的比例

也比较高，平均达到43天，其次走亲访友的时间平均为13天，旅游的天数平均为9天。可见，农民外出时间分配上，用于休闲娱乐的比例不高，外出的目的仍然以获得经济收入为主（见表5-15）。

表5-15 村民出村天数的描述统计量

单位：人

类别	频数	极小值	极大值	均值	标准差
您最近一年中出村多少天	169	—	360	120.72	109.5
赶集购物多少天	112	3	300	43.40	47.2
旅游多少天	32	2	30	9.56	5.9
走亲访友多少天	142	2	163	13.46	17.0
其他多少天	111	1	270	18.33	32.1
务工经商多少天	82	3	350	183.13	119.6
有效的N（列表状态）	4				

从对目前村民最关心的议题的回答来看，增加收入是村民最关心的问题，近一半的村民选择了该选项。此外，养老和子女教育也是村民普遍关心的问题，23.7%的村民最关心养老问题，19.4%的村民最关心子女教育问题（见表5-15）。不同年龄组的村民最关心的问题存在显著性差异，从表5-16中我们可以发现，各个年龄组的村民都关心增加收入，老年组的村民更关心养老问题，而中年组的村民则更关心子女教育问题。这与各个年龄的人所处的生命周期不同的任务和目标存在着很大的关系。

表 5-16 年龄组与最关系问题交叉

单位：人，%

类别		年龄组						合计
		0~16岁	21~30岁	31~40岁	41~50岁	51~60岁	60岁以上	
增加收入	人数	1	7	16	41	18	17	100
	百分比	50.0	63.6	47.1	53.9	47.4	34.0	47.4
提高社会地位	人数	—	—	4	8	4	2	18
	百分比	—	—	11.8	10.5	10.5	4.0	8.5
子女教育	人数	—	4	12	17	5	3	41
	百分比	—	36.4	35.3	22.4	13.2	6.0	19.4
养老	人数	1	—	1	9	11	28	50
	百分比	50.0	—	2.9	11.8	28.9	56.0	23.7
其他	人数	—	—	1	1	—	—	2
	百分比	—	—	2.9	1.3	—	—	0.9
合计	人数	2	11	34	76	38	50	211
	百分比	100.0	100.0	100.0	100.0	100.0	100.0	100.0

第三节 家庭企业经营

经过20多年的改革开放，"无农不稳，无工不富，无商不活"的农村发展理念仍然具有十分重要的指导意义。在当前农村剩余劳动力转移的背景下，农民的收入和农业收入的比重日益下降，而非农收入逐渐成为农民增收的主要途径，其中，在"离土不离乡"的农民中，农村家庭企业经营和村集体经济成为一个颇受关注的亮点。在钱庙村，尽管企业数量不多，但是在村庄经济中占据了很重要的位置。全村农民的收入很大一部分来自在村庄企业中的务工收入。村集体收入也主要来自村庄的集体企业和私营企业缴纳的一部分费用。

一 家庭企业经营的行业分布

在调查的268户农户中，拥有家庭企业的共41户，占到全村的15.3%，其中从事行业最多的是商业，共15户，占全部调查户的5.6%。此外，有自己工业企业的5户，建筑业的1户，运输业的6户，饮食业的6户，服务业的7户，农业企业的1户（见表5-17）。

表 5-17 农户家庭企业行业分布

单位：户，%

类 别	频 数	百分比	有效百分比
工 业	5	1.9	12.2
建筑业	1	0.4	2.4
运输业	6	2.2	14.6
商 业	15	5.6	36.6
饮 食	6	2.2	14.6
服务业	7	2.6	17.1
农 业	1	0.4	2.4
合 计	41	15.3	100.0
系统缺失	227	84.7	
合 计	268	100.0	

二 企业经营状况

在填答家庭固定资产的 37 户家庭企业中,固定资产均值为 12.2 万元,最大值为 104 万元,最小值仅 0.1 万元。填答的 36 户中,2011 全年平均流动资金平均 15.6 万元,最少的为 0.2 万元,最多的为 100 万元。13 户填答企业户中,平均职工 2.15 人,共解决了 28 人的就业。因此统计来看,该村的企业解决就业的能力并不是很高。40 户有效填答中,全年经营总收入平均为 55.3 万元,最少的为 0.7 万元,最多的为 800 万元。从生产经营成本看,成本相对于收入是比较高的。平均为 55.3 万元,仅比经营总收入略低,最高的生产经营成本超过了经营收入。填答的 5 户雇工工资等支出平均为 5.8 万元,平均每个职工的收入为 1 万元。填答的 12 户中,企业税收平均为 25.7 万元,占平均企业总经营支出的 31%。而当年企业平均利润为 9.2 万元,最少的利润为 3000 元,最多的为 80 万元(见表 5-18)。

总结钱庙村的家庭企业经营状况,我们发现,该村家庭从事非农行业的农户比例占到了 1/7 左右,这在当地相对比例较高,说明农民的非农从业和就业的比例也相对较高。但是我们从企业经营的情况来看,企业经营并不乐观,尽管有些企业的固定资产和经营收入状况不多,但是企业吸引村民就业的能力还显不足,企业的盈利能力还有待提高,而企业的经营成本也有待于进一步优化。

表 5-18 家庭企业经营状况的描述统计量

单位:万元,人

类别	频数	极小值	极大值	均值	标准差
固定资产现值	37	0.1	104.0	12.2	19.2

续表

类别	频数	极小值	极大值	均值	标准差
其中当年新增固定资产	7	0.5	15.0	6.1	6.9
现在借偾余额	10	1	20.0	7.2	5.7
全年平均流动资金	36	0.2	100.0	15.6	21.9
全年平均职工人数	13	0.1	0.6	0.2	0.1
全年经营总收入	40	0.7	800.0	55.3	148.9
全年生产经营成本	39	0.1	1400.0	53.3	221.9
物质费用支出	33	0.1	67.6	15.5	18.1
雇工工资支出	5	1	20.0	5.8	7.9
支付利息	8	0.2	1	0.8	0.2
种类税收	12	0.2	300.0	25.7	86.3
其他经营支出	21	0.2	1700.0	82.6	370.5
当年企业经营利润	31	0.3	80.0	9.2	14.4
用于扩大再生产金额	8	1	20.0	4.2	6.4

第四节　拓宽增收渠道　促进农民收入增长

统筹城乡经济社会发展，推进现代农业建设，全面深化农村改革，大力发展农村公共事业，千方百计增加农民收入，则被确定为国家"十一五"规划中解决"三农"问题的战略方向。如何快速促进农民收入增长是当今的一个重要课题。

钱庙村通过推进农村改革，农民专业合作组织快速发展，农村集体产权制度改革深入推进，增收渠道进一步拓宽，多渠道增加了农民的财产性收入，多种因素推动农民收入增长，促进农民财产性收入稳步增加，家庭经营性收入、工资性收入、转移性收入、财产性收入都在增长，农民增收呈现出"多轮驱动"的良好格局。课题组在钱庙村抽取了 300 户作为样本,回收了 268 份有效问卷。本文通过对 268 份问卷进行分析,发现钱庙村农民家庭收入结构的特点呈现以下特点:收入的多元化、非农化特征;家庭经营收入成为钱庙农民收入中重要组成部分;劳务性工资收入占据钱庙农村居民收入的首要地位。

一 钱庙农民家庭收入结构总情况

问卷中将农民家庭收入划分为五个模块,分别是村集体统一经营获得收入、从经济联合体中的收入、家庭经营总收入、劳务性工资收入和其他非生产经营性收入;从表 5-19 和表 5-20 中的数据可以看出,2011 年村民从集体经营中获得的家庭收益平均为 8638 元,有效的样本数为 74,即并非所有家庭都从村集体统一经营中获得了收益,有收益的家庭占全部家庭的 44%,集体收益的分配差距也比较大,数据反映最多的收益为 63800 元,而最少的为 1200 元,村集体收益占家庭总收入比重平均为 10.8%,最少为 0.6%,最多为 56.9%。

表 5-19 全年家庭总收入的描述统计量

单位:户,元

类别	频数	极小值	极大值	均值	标准差
从村集体统一经营得到的收入	74	1200	63800	8638	107484
从经济联合体得到的收入	2	7200	72000	39600	458205
家庭经营总收入	204	1200	800000	51080	877275
劳务性工资收入	133	3000	127800	45698	248332
其他非生产经营性收入	38	900	101500	14737	226713

表5-20 各项收入占全年家庭总收入比例的描述统计量

单位：户，%

类别	频数	极小值	极大值	均值	标准差
集体收入比重	73	0.6	56.9	10.8	0.102
经济联合体收入比重	2	12.6	16.7	14.6	0.028
家庭经营收入比重	198	1.9	100.0	60.8	0.377
劳务性工资收入比重	127	5.9	100.0	67.7	0.254
其他非生产经营性收入比重	38	0.9	100.0	45.6	0.383

经济联合体收入主要针对那些经济合伙人从经营中获得的收入，全部样本中只有2个有经济联合收入的样本，但是其收入水平较高，最少为7200元，最多为72000元。在其家庭总收入中的比重最少为12.6%，最多为16.7%。

家庭经营仍是目前农户收入的主体。从数据反映情况看，204户家庭主要依靠家庭经营获得收入，占全部农户的76.2%。家庭经营收入最高为80万元，最少为1200元，平均为51080元。在家庭总收入中的比重，最少为1.9%，最多为100%，平均为60.8%。

劳务性收入无论数量还是在家庭收入中的比重都越来越高。数据反映，劳务性工资收入的最小值为3000元，最大值为127800元，平均值为45698元。在家庭收入中的比重最小为5.9%，最大为100%，平均为67.7%。

其他非生产经营性收入。这些收入包括政府补贴、赠予、股息红利等收入。尽管这些收入并不是农户普遍性的收入，但它在农户家庭收入中也占有不小的比重。从数据看，这种收入最小的为900元，最大的为101500元，平均为14737元。在家庭总收入中的比重，最小为0.9%，最大为100%，平均为45.6%。

在五大模块中,家庭经营收入和劳务性工资比重分别为60.8%和67.7%,成为钱庙农民家庭的两大主要收入支撑。家庭经营性收入结构细分为:农业收入、林业收入、牧业、渔业、工业、运输、建筑、商业服务业和其他经营性收入9种来源收入。从表5-21和表5-22中可以看出家庭经营性收入的总体情况。钱庙村拥有农业收入的农户仍占到全部农户的80%,其中农业收入最少的为1000元,最多的为35万元,平均为11195元。在家庭总收入中的比重,最少的可以忽略不计,最大的为100%,平均为21.9%。

表5-21 家庭经营性收入的描述统计量

单位:户,元

类别	频数	极小值	极大值	均值	标准差
农业收入	214	1000	350000	11190	25031
林业收入	1	9000	9000	9000	—
牧业收入	5	2000	70000	17000	29732
渔业收入	2	20000	26000	23000	4242
工业收入	23	15000	180000	45130	33514
运输业收入	16	20000	240000	58700	53981
建筑业收入	49	5000	80000	29400	19236
商业服务业收入	47	1900	800000	108160	154013
其他经营收入	32	600	200000	38500	44991

表5-22 各项家庭经营性收入占家庭总收入比重的描述统计量

单位:户,%

类别	频数	极小值	极大值	均值	标准差
农业收入比重	203	0.0	100.0	21.9	0.236
林业收入比重	1	15.5	15.5	15.5	—
牧业收入比重	5	8.0	67.3	29.3	0.231
渔业收入比重	2	16.8	100.0	58.4	0.588

续表

类 别	频数	极小值	极大值	均值	标准差
工业收入比重	23	21.2	100.0	65.4	0.251
运输业收入比重	16	29.1	100.0	59.1	0.237
建筑业收入比重	44	0.9	100.0	48.6	0.261
商业服务业收入比重	47	0.9	100.0	59.4	0.331
其他经营收入比重	30	1.1	100.0	49.4	0.304

有林业收入的仅1户，全年林业收入9000元，占家庭总收入的15.5%。有牧业收入的5户，收入最少2000元，最多70000元，平均17000元。占家庭总收入比重最小8%，最多67.3%，平均为29.3%。

有渔业收入的2户，收入最少20000元，最多26000元，平均23000元。占家庭总收入比重最小16.8%，最多100%，平均为58.4%。

有工业性收入的为23户，占样本农户的8.6%。这些农户的工业收入最少15000元，最多18万元，平均45130元。占家庭总收入比重最小21.2%，最多100%，平均为65.4%。有运输业收入的16户，收入最少2万元，最多24万元，平均58700元。占家庭总收入比重最小29.1%，最多100%，平均为59.1%。

建筑业收入的49户，占样本农户的18.3%。其收入最少5000元，最多8万元，平均29404元。占家庭总收入比重最小0.9%，最多100%，平均为48.6%。

有商业服务业收入的47户，收入最少1900元，最多80万元，平均108160元。占家庭总收入比重最小0.9%，最多100%，平均为59.4%。

有其他经营性收入的 47 户，收入最少 600 元，最多 20 万元，平均 38503 元。占家庭总收入比重最小 1.1%，最多 100%，平均为 49.4%。

二 钱庙村的家庭收入特点

钱庙村的家庭收入情况和家庭收入结构，反映出以下几个特点：收入中占据主要地位的是劳务性工资收入和家庭经营收入；家庭收入来源多样化，农业收入比重低于第二、第三产业收入，工商业收入比重增加；农业与非农产业双轮驱动，结构均衡。

（1）收入的多元化、非农化特征。伴随着农村经济的发展，钱庙农村居民的收入来源和构成形成了以农业收入，工资性收入、家庭经营性第二、第三产业并重，财产性和转移性等非经营性收入比重逐年上升的多元化增长新格局。

（2）家庭经营收入成为钱庙农民收入中重要组成部分。农村居民家庭经营收入包括家庭经营的种植业、林业、畜牧业、渔业等的农林牧渔业收入，家庭第二、第三产业收入三大部分。从收入构成看，钱庙农民家庭经营性收入主要依赖第二、第三产业；从第一产业收入的构成看，渔业比重最大，接着为牧业、农业和林业，这三大产业比重占纯收入的 20%~25%。第二、第三产业收入中，工业比重最大，接着是工商服务业和运输业，其次是建筑业和其他经营收入。

（3）劳务性工资收入占据钱庙农村居民收入的首要地位。2011年，钱庙农民家庭收入中，劳务性工资比重为 67.7%，占据家庭收入比重第一位。农民从第一产业中得到的收入比重明显下降，农村劳动力越来越多地向第二、第三产业转移，带动了农民劳务收入的增加，工资性收入的比重明显提高。

三 发展农村第二、第三产业，积极拓宽农民增收渠道

近年来，国家通过推进城乡统筹发展，深化农村改革，繁荣农村经济，同时进一步加大农村基础设施建设，着力改善农村生产生活条件，农民收入实现了大幅增长，农民收入来源多元化。钱庙村在国家政策引导下，做了大量的工作，调整农业结构，积极拓宽农民增收渠道，大力发展乡镇企业和家庭经营等非农产业，扩大农村劳动力就地转移的规模，稳步发展农村第二、第三产业，拓宽增收渠道，增加本地非农收入。

（1）大力发展农民专业合作经济组织。村支两委成立了建筑开发公司，以股份制形式推进，大部分利润无偿捐助给村集体，2007年，实现产值2200万元；2008年、2009年实现年产值近4000万元；2010年，产值3700万元；2011年，产值3200万元。2009年3月，由社区牵头，组建了"钱庙村民悦农作物病虫害机防专业合作社"，发展了全社区99%的农户成为社员。由合作社牵头，统一采购农业生产资料，社员按进价领购。参照市场价格，此举为村民节省成本近60万元。合作社积极与种子公司合作，争取到了种子繁育基地的整村推进，每斤粮食的销售价格比市场价格高出10%~13%，全村粮食年增值70余万元。

（2）合理布局，大力发展农村第二、第三产业，拓展农民非农产业收入。农村第二、第三产业对农村的发展至关重要，既是农民增收的主要途径，又是农民剩余劳动力转移的主要场所，也是农村

城镇化发展的前提。在发展农村第二、第三产业时,应有所侧重,即,区域经济和产业布局相结合。

一方面,结合地方特点,积极推动农村工业化,城镇化建设,大力发展乡镇企业,提供更多的就业机会,这是增加农民收入的重要渠道。钱庙村自2006年起创建了村矿山机械配件厂,年产值稳定在100余万元。2006年底,利用周边煤矿的废弃物:丰富的煤矸石资源成立一座新型墙体材料厂,产品为煤矸石烧结砖,黏土与煤矸石比例为3:7,黏土取自为群众平整土地后的废土,矸石从周边煤矿拉,未破坏一点耕地资源。2007年,产值270万元,以后年产值稳中有升。2010年,产值360万元。2011年,产值400万元。2009年,新增了选煤设备,成立了一个小型选煤厂,当年产值80万元,2010年产值140万元,2011年产值160万元。2009年底,村筹建了石料加工厂,从淮南等地山中拉毛石破碎,成品按规格供应给本地区的建筑市场,2010年,产值80万元,2011年,产值140万元。

另一方面,积极发展休闲农业、乡村旅游和农村服务业等劳动密集型产业。2009年1月钱庙村实在商场开业,注册资金301万元,经营日常生活用品及家电等,2009年,产值180万元;2010年,产值320万元;2011年,产值460万元。钱庙村加油站于2011年4月开始筹备,2011年5月开始售油,2011年完成产值200万元。2009年,"淝水湾休闲农庄"项目,在建设中,该项目预计投资4000万元,截止到2011年底,已累计投入1300余万元。

(3) 加大教育,医疗卫生的投入,切实推动国家惠农政策,提高农民素质,加强医疗卫生服务工作。

2009年9月建成钱庙村润宝幼儿园，占地近6亩，由村出资近300万元。总建筑面积960平方米，学习、生活、娱乐设施齐备。现有教师8人，保育员6人，后勤人员3人，学生268人。

2010年底，钱庙村对社区内个体卫生室进行了整合，成立钱庙村卫生室，新建了840平方米的医疗、医药用房及病房，购买了彩超、全自动生化分析仪、全自动血流变分析仪等先进的医疗诊断设备，总投资240余万元。

第六章 钱庙村的家庭收入、消费结构

第一节 从业收入与家庭收入

改革开放后,我国农民收入总体上呈增长趋势,但是这期间也有过波动,具体而言,农民收入在波动中增长经历了以下几个阶段。

第一阶段(1978~1984年),农民收入快速增长。农村家庭联产承包责任制极大地解放了农村生产力,调动了农民生产积极性,促进了农业和农村经济的快速发展,使农民收入无论是名义收入还是实际收入均呈快速增长态势。

第二阶段(1985~1990年),农民收入波浪式增长。1985~1990年实际纯收入分别比上年增长7.8%、3.2%、5.2%、6.4%、-1.6%和1.8%,增长幅度呈波浪式起伏态势。

第三阶段(1991~1996年),农民收入逐步回升。1991~1996

年农民人均实际纯收入分别比上年增长2%、5.9%、3.2%、5%、5.3%和9%,年均实际递增5.1%,低于第一阶段年均递增16.5%的增幅。

第四阶段(1997~2003年),农民收入缓慢增长。1997~2003年农民人均实际纯收入分别比上年增长4.6%、4.3%、3.8%、2.1%、4.2%、4.8%和4.3%,年均递增4%,比1991~1996年年均递增5.1%的增幅回落1.1个百分点。

第五阶段(2004年至今),由于中央加大了对农业的支持,免除农业税,增加农业补贴,以及农民务工性收入的增长,农民收入进入了新的高速增长阶段。2004~2007年,农村居民人均纯收入连续4年超过6%,2007~2011年农民人均纯收入比上年实际增长9.5%、8%、8.5%、14.9%、11.4%。

为了反映农民收入情况及其收入结构,我们问卷设计了家庭与个人收入相关的问题。但是,问卷反映的是横断面的收入,所涉及收入数据为2011年的收入情况,所以对钱庙村农民收入的历史变迁还难以反映出来。在问卷中,涉及的收入项目包括主业的全年收入、兼业的全年收入、村集体经营收入、经济联合的收入、家庭精英的收入,其中包括农业收入、林业收入、牧业收入、渔业收入、工业收入、运输业收入、建筑业收入、商业服务业收入、其他经营收入,此外,还有劳务性工资收入、其他非经营性收入、全家总收入、全家纯收入等。

一 个人及家庭收入的总体情况

首先,我们分析被访者的个人从业收入情况。数据反映个人全年从业收入的平均值为 35009 元,中值为 15000 元,5% 截尾均值为 19782 元,标准差为 8393 元,最大值为 800000 元,最小值为 1000 元。整体上看,个人收入比较整齐,基本上呈正态分布,不同被访者之间的差异还不是很大。其次,我们看当年全家总收入的情况。家庭总收入均值为 144796 元,中值为 59000 元,5% 截尾均值为 65728 元,标准差为 623100 元,最大值为 6120000 元,最小值为 1500 元。可见,家庭总收入的差异性要比个人收入大。最后,我们从全家纯收入来看,家庭纯收入均值为 102846 元,中值为 48700 元,5% 截尾均值为 54019 元,标准差为 482730 元,最大值为 5860000 元,最小值为 1500 元。家庭纯收入的差异性比家庭总收入大(见表 6-1)。

表 6-1　全年个人总收入、家庭总收入、家庭纯收入的描述值

单位:元

类　别		全年个人总收入	全年家庭总收入	全年家庭纯收入
均　值		35009	144796	102846
均值的 95% 置信区间	下限	24175	42098	45780
	上限	45843	163593	231030
5% 截尾均值		19782	65728	54019
中　值		15000	59000	48700
标准差		83936	623100	482730
极小值		1000	1500	1500
极大值		800000	6120000	5860000

从钱庙村收入的五等分来看,个人收入五等分中,低收入组的 20% 个人年收入在 6000 元以下,而高收入组的 20% 个人在 30100 元以上,中间收入的人员集中在 12000 元与 18000 元之间。家庭总收入中 20% 家庭年总收入在 25000 元以下,最高组 20% 家庭年收入在 10

万元以上,中间收入的集中在46000元到7.1万元之间。家庭纯收入最低组的20%家庭收入在2.2万元以下,最高组20%在85000元以上,中间收入在40000元到60000元之间(见表6-2、表6-3)。

表6-2 收入五等分分布

单位:元

类别	个人收入	家庭总收入	家庭纯收入
低收入组	小于6000	小于25000	小于22000
中低收入组	6100~11800	25100~46000	22100~38900
中等收入组	11900~18000	46100~71000	39000~60300
中高收入组	18100~30000	71100~98400	60400~85500
高收入组	30100以上	98500以上	85600以上

表6-3 收入五等分的统计描述值

单位:元

类别		低收入组	中低收入组	中等收入组	中高收入组	高收入组
个人全年总收入	均值	4023	93.78	149.07	249.14	1334.07
	标准差	1606	12.881	19.163	46.603	1656.314
	极小值	1000	65	120	183	320
	极大值	6000	118	180	300	8000
家庭全年总收入	均值	12469	35598	58902	83516	536142
	标准差	6559	6055	7711	8057	1335161
	极小值	1500	25600	46100	71300	99000
	极大值	25000	46000	71000	98400	6120000
家庭全年纯收入	均值	11290	31256	49861	74057	348171
	标准差	6217	5225	6712	73064	1051375
	极小值	1500	22700	39000	60600	86000
	极大值	22000	38700	60000	85000	5860000

二 个人年收入的性别、年龄和受教育程度差异

我们以被访者为样本,对不同性别的受访对象进行收入分组分

析发现，两性之间的收入存在着显著差异（Sig. =0.000），在低收入组和中低收入组中，女性的比例明显高于男性比例，尤其是低收入组，女性中47.2%处于这个组。而在高收入组和中高收入组中，男性比例明显多于女性。女性处于这两层次收入的比例仅为5.6%（见表6-4）。

表6-4 不同性别的收入分组分布

单位：人，%

类别		性别		合计
		男	女	
低收入组	人数	36	17	53
	百分比	18.3	47.2	22.7
中低收入组	人数	33	8	41
	百分比	16.8	22.2	17.6
中等收入组	人数	39	7	46
	百分比	19.8	19.4	19.7
中高收入组	人数	49	2	51
	百分比	24.9	5.6	21.9
高收入组	人数	40	2	42
	百分比	20.3	5.6	18.0
合计	人数	197	36	233
	百分比	100.0	100.0	100.0

说明：Pearson卡方检验，值为20.595，自由度为4，渐进双侧Sig.值为0.000。0单元格（0%）的期望计数少于5。最小期望计数为6.33。

从不同年龄来看，不同年龄组的收入也存在较为显著的差异，具体而言，高年龄组处于低收入组的比例多，而中等年龄处于高收入组的比例多。可见，中年人是家庭收入的主要承担者（见表6-5）。

第六章 钱庙村的家庭收入、消费结构

表 6-5 不同年龄的收入分组分布

单位：人，%

类别		年龄组						合计
		0~16岁	21~30岁	31~40岁	41~50岁	51~60岁	60岁以上	
低收入组	人数	—	4	7	21	9	12	53
	百分比	—	28.6	15.9	24.1	20.0	28.6	22.7
中低收入组	人数	1	2	4	17	7	10	41
	百分比	100.0	14.3	9.1	19.5	15.6	23.8	17.6
中等收入组	人数	—	2	3	15	14	12	46
	百分比	—	14.3	6.8	17.2	31.1	28.6	19.7
中高收入组	人数	—	4	10	22	9	6	51
	百分比	—	28.6	22.7	25.3	20.0	14.3	21.9
高收入组	人数	—	2	20	12	6	2	42
	百分比	—	14.3	45.5	13.8	13.3	4.8	18.0
合计	人数	1	14	44	87	45	42	233
	百分比	100.0	100.0	100.0	100.0	100.0	100.0	100.0

从受教育程度来看，受教育年限与收入之间并非呈现线性的相关，即受教育程度越高，收入越高。我们发现，受教育在 7~11 年的收入水平最高，这个受教育年限相当于初中和高中程度（见表 6-6）。可见，教育仅是个人收入的一个因素，而在农村，那些私营企业家、个体业主除了需要受到较好的教育之外，个人的拼搏精神、努力程度以及社会关系等，都是获得高收入不可缺少的影响因素。

表 6-6 不同受教育年限的收入分组分布

单位：人，%

类别		受教育年限						合计
		0	1~3年	4~6年	7~9年	9~11年	12年以上	
低收入组	人数	1	7	15	18	3	0	44
	百分比	33.3	29.2	24.6	15.7	25.0	0.0	20.1

续表

类别		受教育年限						合 计
		0	1~3年	4~6年	7~9年	9~11年	12年以上	
中低收入组	人数	1	6	11	19	1	2	40
	百分比	33.3	25.0	18.0	16.5	8.3	50.0	18.3
中等收入组	人数	1	5	12	17	6	1	42
	百分比	33.3	20.8	19.7	14.8	50.0	25.0	19.2
中高收入组	人数	—	5	18	27	0	1	51
	百分比	—	20.8	29.5	23.5	0.0	25.0	23.3
高收入组	人数	—	1	5	34	2	0	42
	百分比	—	4.2	8.2	29.6	16.7	0.0	19.2
合 计	人数	3	24	61	115	12	4	219
	百分比	100.0	100.0	100.0	100.0	100.0	100.0	100.0

三 不同产业、职业、经营方式的收入分析

我们对处在不同产业的被访对象的全年个人收入进行方差分析发现，不同产业个人之间的收入存在显著性差异，显著性水平为0.000。第一产业的收入水平最低，均值为8587元，最少收入为1000元，最大收入为30000元；第二产业的收入其次，均值为36111元，最少收入为3600元，最大收入为500000元；第三产业收入最高，均值为83156元，最小收入为6000元，最大为800000元（见表6－7、表6－8）。

表6－7 不同产业的全年收入情况描述

单位：元

类别	频数	均值	标准差	极小值	极大值
第一产业	106	8587	5333	1000	30000
第二产业	44	36111	73441	3600	500000
第三产业	61	83156	139980	6000	800000
总 数	211	35884	879906	1000	800000

第六章 钱庙村的家庭收入、消费结构

从不同职业的个人收入来看，方差分析显示，不同职业间的收入存在显著性差异。从各职业的收入描述分析来看，收入最高的为企业主管，平均收入为 415000 元，一般管理人员收入最低，为 18173 元（见表 6-8）。由于样本数量较少，所以这种差别不一定能够反映出该村不同职业之间收入差别的全貌。

表 6-8 不同职业收入情况描述

单位：人，元

类　别	频数	均值	标准差	极小值	极大值
国家干部	2	19900	22769	3800	36000
村干部	8	26538	16629	6000	62000
企业主管	2	415000	544472	30000	800000
医生	1	66000	—	66000	66000
技术人员	18	30072	19489	3500	80000
一般体力劳动	143	19908	42768	2000	500000
一般管理人员	11	18173	16386	6000	64000
个体工匠	2	58000	16971	46000	70000
其他	28	111471	144057	1000	520000
总　数	215	37086	86984	1000	800000

从不同经营方式的收入差异来看，方差分析显示不同经营方式的个人收入存在着显著性差异。从数据来看，个体经营的收入水平最高，均值为 177524 元，而责任田的承包者，即一般种田农户的收入最低，均值为 8511 元（见表 6-9）。

表 6-9 不同经营方式的收入情况描述

单位：户，百元

类　别	频数	均值	标准差	极小值	极大值
责任田承包	106	8511	5041	1000	22000

133

续表

类 别	频数	均值	标准差	极小值	极大值
个体经营	34	127612	175524	9000	800000
企业主经营	1	36000	—	36000	36000
规模承包	2	43000	18385	30000	56000
私营	27	29719	17851	3600	72000
国有单位	3	45533	23218	28600	72000
集体单位	24	20296	13608	7900	64000
其他	29	43431	89263	6000	500000
总 数	226	35613	85135	1000	800000

四 家庭总收入结构

1. 村集体统一经营获得收入

数据显示，2011年村民从集体经营中获得的家庭收益平均为8638元，有效的样本数为74，即并非所有家庭都从村集体统一经营中获得了收益，有收益的家庭占全部家庭的44%。集体收益的分配也并非平等，数据反映最多的收益为63800元，而最少的为1200元。村集体收益占家庭总收入比重平均为10.8%，最少为0.6%，最多为56%。

2. 从经济联合体中的收入

这部分收入主要针对于那些经济合伙人从经营中获得的收入。全部样本中只有2个有经济联合收入的样本，但是其收入水平较高，最少为7200元，最多为7.2万元。在其家庭总收入中的比重最少为12.6%，最多为16.7%。

3. 家庭经营性总收入

家庭经营仍是目前农户收入的主体。从数据反映情况看，

204户家庭主要依靠家庭经营获得收入,占全部农户的76.2%。家庭经营收入最高为80万元,最少为1200元,平均为51080元。在家庭总收入中的比重,最少为1.9%,最多为100%,平均为60.8%。

4. 劳务性工资收入

随着农民外出就业越来越普遍,劳务性收入无论数量还是在家庭收入中的比重都越来越高。数据反映,劳务性工资收入的最小值为3000元,最大值为127800元,平均值为45698元。在家庭收入中的比重最小为5.9%,最大为100%,平均为67.7%。

5. 其他非生产经营性收入

这些收入包括政府补贴、赠予、股息红利等收入。尽管这些收入并不是农户普遍性的收入,但它在农户家庭收入中也占有不小的比重。从数据看,这种收入最小的为900元,最大的为101500元,平均为14737元。在家庭总收入中的比重,最小为0.9%,最大为100%,平均为45.6%(见表6-10、表6-11)。

表6-10 全年家庭总收入的描述统计量

单位:户,元

类别	频数	极小值	极大值	均值	标准差
从村集体统一经营得到的收入	74	1200	63800	8638	10748
从经济联合体得到的收入	2	7200	72000	39600	45820
家庭经营总收入	204	1200	800000	51080	87727
劳务性工资收入	133	3000	127800	45698	24833
其他非生产经营性收入	38	900	101500	14737	22671

表 6-11　各项收入占全年家庭总收入比例的描述统计量

单位：户，%

类别	频数	极小值	极大值	均值	标准差
集体收入比重	73	0.6	56.9	10.8	0.102
经济联合体收入比重	2	12.6	16.7	14.6	0.028
家庭经营收入比重	198	1.9	100.0	60.8	0.377
劳务性工资收入比重	127	5.9	100.0	67.7	0.254
其他非生产经营性收入比重	38	0.9	100.0	45.6	0.383

五　家庭经营性收入结构

①农业收入。钱庙村拥有农业收入的农户仍占到全部农户的80%，其中农业收入最少的为1000元，最多的为350000元，平均为11195元。在家庭总收入中的比重，最少的可以忽略不计，最大的为100%，平均为21.9%。

②林业收入。全部样本有林业收入的仅1户，全年林业收入9000元，占家庭总收入的15.5%。

③牧业收入。全部样本有牧业收入的5户，收入最少2000元，最多70000元，平均17000元。占家庭总收入比重最小8%，最多67.3%，平均为29.3%。

④渔业收入。全部样本有渔业收入的2户，收入最少20000元，最多26000元，平均23000元。占家庭总收入比重最小16.8%，最多100%，平均为58.4%。

⑤工业收入。全部样本家庭中有工业性收入的为23户，占样本农户的8.6%。这些农户的工业收入最少15000元，最多180000

元，平均 45130 元。占家庭总收入比重最小 21.2%，最多 100%，平均为 65.4%。

⑥运输业收入。全部样本有运输业收入的 16 户，收入最少 20000 元，最多 240000 元，平均 58700 元。占家庭总收入比重最小 29.1%，最多 100%，平均为 59.1%。

⑦建筑业收入。全部样本有建筑业收入的 49 户，占样本农户的 18.3%。其收入最少 5000 元，最多 80000 元，平均 29404 元。占家庭总收入比重最小 0.9%，最多 100%，平均为 48.6%。

⑧商业服务业收入。全部样本有商业服务业收入的 47 户，收入最少 1900 元，最多 800000 元，平均 108160 元。占家庭总收入比重最小 0.9%，最多 100%，平均为 59.4%。

⑨其他经营性收入。全部样本有其他经营性收入的 47 户，收入最少 600 元，最多 200000 元，平均 38503 元。占家庭总收入比重最小 1.1%，最多 100%，平均为 49.4%（见表 6-12、表 6-13）。

总结钱庙村的经营收入和家庭收入情况，反映出以下几个特点：一是家庭收入来源多样化，工商业收入比重增加，农业收入比重，尤其是传统种植业收入比重不高；二是村民间的收入差距较大，而且，收入的性别之间、年龄之间的差异性也比较明显，女性和老年人在各种收入上均处于劣势。

表 6-12 家庭经营性收入的描述统计量

单位：户，元

类 别	频 数	极小值	极大值	均值	标准差
农业收入	214	1000	350000	11195	25031
林业收入	1	9000	9000	9000	—

续表

类别	频数	极小值	极大值	均值	标准差
牧业收入	5	2000	70000	17000	29732
渔业收入	2	20000	26000	23000	4242
工业收入	23	15000	180000	45130	33514
运输业收入	16	20000	240000	58700	53981
建筑业收入	49	5000	80000	29404	19236
商业服务业收入	47	1900	800000	108160	154013
其他经营收入	32	600	200000	38503	44991

表6-13 各项家庭经营性收入占家庭总收入比重的描述统计量

单位：%

类别	频数	极小值	极大值	均值	标准差
农业收入比重	203	—	100.0	21.9	0.236
林业收入比重	1	15.5	15.5	15.5	—
牧业收入比重	5	8.0	67.3	29.3	0.231
渔业收入比重	2	16.8	100.0	58.4	0.588
工业收入比重	23	21.2	100.0	65.4	0.251
运输业收入比重	16	29.1	100.0	59.1	0.237
建筑业收入比重	44	0.9	100.0	48.6	0.261
商业服务业收入比重	47	0.9	100.0	59.4	0.331
其他经营收入比重	30	1.1	100.0	49.4	0.304

第二节 农业经营与收入

在农民的收入中，农业经营收入是重要组成部分，但是随着农业产业化的发展、农民外出务工的工资性收入增加，农业经营收入的比重和分量越老越小。传统的农业经营收入偏低，制约了农民收入整体水平提高,成为影响农民增收的重点、难点和关键环节。为了了解钱庙村农户农业经营收入状况,我们在问卷中设计了当年农林牧渔经营情况,内容关于当耕地面积、流转情况、粮食种植、产量、投入和产出等。

一 家庭耕地情况

在有效的 228 户中,平均每户拥有土地 8.5 亩,土地面积最大的家庭户有 80 亩耕地,最少的为 0.5 亩,合计 1944.5 亩,标准差为 14.3 亩(见表6-14)。按照现有农业户口人口计算,人均土地 2.08 亩。

表 6-14　家庭耕地情况的描述统计

单位:户,亩

类　别	频数	极小值	极大值	均值	标准差
耕地数量	228	0.5	80	8.5	14.2
耕地转入	1	60	60	60.0	—
耕地转出	10	0.8	5.6	2.3	1.3
粮食种植面积	215	0.8	97	9.8	14.3

从土地流转情况看,228 户中,有土地流转的共 11 户,其中,土地转入的有 1 户,该户共承包了 60 亩土地,而土地流转出去的共 10 户,共流转出土地 23.4 亩,平均每户流转出 2.34 亩,最多的流转出 5.6 亩,最少的流转出 0.8 亩。

从粮食种植面积来看,在有效的 215 户中,粮食种植面积共 2114.7 亩,平均每户种植 9.8 亩。从数值上看,粮食种植面积超过了耕地面积,可能因为调查时存在误差。

二 农业其他项目的经营数量

从农业的其他项目来看，钱庙村的农业经营主要是以耕地种植粮食作物为主。在农业杂项中，仅1户种植了0.8亩的园地。有2户饲养了大牲畜，共饲养了47头；3户饲养了小牲畜，共8头，12户饲养了家禽，共120只（见表6-15）。可见，这些农业作物和畜牧养殖，大部分是自给自足，满足农户家庭生活需要，而没有大规模的市场化生产。

表6-15 家庭其他农业经营面积情况的描述统计量

类别	频数（户）	极小值	极大值	均值	标准差
园地数量（分）	1	8	8	8.00	—
大牲畜存栏（头）	2	1	46	23.50	31.820
小牲畜（头）	3	2	3	2.67	0.577
家禽（只）	12	4	30	10.00	6.809

三 农业收入情况

从农业收入情况看，在有效的216户中，耕地收入仍然是钱庙农户的最主要收入。2011年，213户农户耕地平均收入10577元，其中耕地收入最少的为1000元，最多的为96000元。拥有园地收入的共4户，平均收入1975元，最少收入为900元，最大收入为3700元。拥有小牲畜收入的2户，2010年均收入为3000元。拥有家禽收入的1户，2011年在这方面的收入为600元（见表6-16）。

表6-16　家庭农业收入的描述统计量

单位：户，元

类　别	频数	极小值	极大值	均值	标准差
耕地总收入	213	1000	96000	10577	10132
园地总收入	4	900	3700	1975	1236
小牲畜总收入	2	3000	3000	6000	3000
家禽总收入	1	600	600	600	600

四　经营费用（成本）情况

从耕地的经营费用看，在填答的203户有效问卷，平均每户的经营费用是4173元，耕地成本占耕地收入的比例平均为43.5%（见表6-17）。耕地成本最小的支出为500元，最大的支出为26000元，耕地成本占耕地收入比例最小的为3%，最大的成本是收入的2倍。土地投入成本超过收入的在钱庙村共2户，他们的投入为2000元，而收入仅为1000元。由此可见，耕地的收益率并不高，在有限的人均土地面积情况下，农民要想提高收入水平，非农就业及其获得的收入是必然的途径。

表6-17　家庭耕地经营成本的描述统计量

单位：户，元

类　别	频数	极小值	极大值	和	均值	标准差
耕地经营费用	203	500	26000	847200	4173	3284
耕地成本	198	3	200	8609	43	19

总结钱庙村民的农业经营和收入状况，可以看出，农业收入仍是该村相当部分农户的主要收入来源，而该村农业经营相对单一，种植业仍是主要经营项目，而进行养殖和经济作物种植的比例并不高。农业的收入途径也较狭窄，基本上依靠重视粮食收入。

第三节 生产性支出和家庭消费

农民家庭开支反映了农民的消费能力和消费结构状况。通过对家庭开支分析，可以观察农户的恩格尔系数、农村社会保障、人情关系等变化。在问卷中，涉及家庭开支的主要项目有生产经营、税款、集体提留、社会负担、生产性固定投资，以及生活消费支出的饮食、衣着、建房、交通、医疗、教育、人情、娱乐等。

一 生产性支出状况

生存经营性支出是生存支出的最大项目，在有效的230户问卷中，户均支出831元，最大的支出为50000元。在农业税费减免的情况下，目前农户的农业税费和其他社会负担的比例明显减小。此外，购置生产性固定资产也是生产性支出的大项，在有效的53户中，平均每户支出为438元（见表6-18）。

表6-18 家庭生产性支出的描述统计量

单位：户，元

类 别	频数	极小值	极大值	和	均值	标准差
生产经营支出	230	200	50000	191136	831	4260.9
缴纳税款	6	300	10000	10364	17273	4053.2

续表

类别	频数	极小值	极大值	和	均值	标准差
社会负担	5	500	6000	11705	2341	2914.1
购置生产性固定资产	53	200	10000	23215	438	1663.4
有效的N（列表状态）	1					

二 生活消费支出状况

从生活消费的支出数额来看，生活消费平均支出为16394元，其中最多的为40000元，最少的为400元。饮食的平均支出6209元，衣着的平均支出为2802元，耐用消费的平均支出为2935元，交通的平均支出为1722元，医疗的平均支出为2318元，教育的平均支出为3010元，娱乐的平均支出为2316元，人情往来的平均支出为4809元（见表6-19）。从平均支出的排名上看，饮食的平均支出最多，其次是人情往来，再次是教育支出。可见，超过农民承受能力的农村人情关系的支出和教育支出已经成为农民的生活负担。

表6-19 生活消费支出的描述统计量

单位：户，元

类别	频数	极小值	极大值	均值	标准差
生活消费支出	217	400	40000	16394	9756
饮食支出	240	100	16700	6209	3803
衣着支出	241	100	8400	2802	2017
耐用消费品	26	1000	7000	2935	1539
建房支出	7	100	1200	571	390
交通支出	202	100	10000	1722	1585
医疗支出	238	200	30000	2318	4172

续表

类别	频数	极小值	极大值	均值	标准差
教育支出	127	0	20000	3010	3878
娱乐支出	79	200	20000	2316	6646
人情往来支出	236	100	20000	4809	3496
其他生活支出	112	100	30000	1657	3014

我们再从消费支出结构的比例上看，食品支出，即恩格尔系数的平均值为37.7%，这个水平并不高。其原因可能是农户的很多农产品自给自足，在食品中并没有算入消费支出。衣着支出在消费支出的比例平均为19.7%，耐用消费品平均为11.7%，建房比例平均为53.3%，交通比例平均为12.4%，医疗比例平均为12.7%，教育比例平均为13.6%，娱乐比例平均为6.2%，人情往来比例平均为25.1%（见表6-20）。在各项消费支出中，占比例最高的是建房比例，但是2011年在被调查的268户中，仅有6户建了房屋。建房的花费尽管很大，但是一个家庭要若干年才会进行一次建房，所以这项支出尽管开支大，但不是农户的经常性消费项目。除了建房，食品消费在农民生活消费中的比例最高，这也较符合农村消费的实际状况。此外，人情来往消费是仅次于食品消费的项目，占到农户日常消费的1/4；教育、医疗、衣着等消费也在农户的日常生活消费中有着重要的比重。

表6-20 生活消费支出各项占比例的描述统计量

单位：户，%

类别	频数	极小值	极大值	均值	标准差
食品比例	202	1	86	37.75	0.180
衣着比例	202	1	75	19.76	0.145
耐用消费品比例	22	4	26	11.74	0.054

第六章　钱庙村的家庭收入、消费结构 ○ 中国百村调查丛书·钱庙村

续表

类　别	频数	极小值	极大值	均值	标准差
建房比例	6	15	82	53.35	0.293
交通比例	174	1	67	12.42	0.130
医疗比例	207	—	67	12.77	0.119
教育比例	104	—	62	13.66	0.122
娱乐比例	67	2	23	6.19	0.035
人情往来比例	199	—	100	25.10	0.156
其他比例	86	—	25	6.05	0.043
有效的N（列表状态）	0				

由此可见，当前农民的消费中，生产性消费和吃穿等日常生活性消费仍是农民消费支出的主体，这些消费除了满足于农户继续进行生产经营之外，主要还是满足于基本生存需要，农民用于耐用消费品、娱乐等发展性的消费支出还不多，农民的消费还仅仅是满足于温饱之上略有进步的水平。而在农民的消费结构中，医疗、教育和人情往来的消费支出比例仍然很高，折射出农村社会保障水平的薄弱以及农村人情往来习俗的恶化。

第四节　家庭财富拥有状况

财富是人们在某一时点所拥有资产的货币净值。财富是一个存量（犹如湖中之水），而收入是单位时间中的流量（如河中流动之水）。家庭财富包括有形的资产，比如房地产、耐用消费品等，也包括金融资产。我们的调查主要考察了农民的房屋情况和家庭耐用消费品拥有情况。

一 耐用消费品的拥有情况

从耐用消费品拥有的比例上看，在调查户中，拥有比例最高的分别为彩电、洗衣机、电冰箱、自行车、摩托车、手机、空调、手表、电话等，此外，农户中拥有小轿车的有18户，在调查户中的比例为6.7%，拥有货车的16户，比例为6%，近1/5的家庭拥有电脑（见表6-21）。从家庭拥有这些消费品的数量上看，全村拥有最多的为手机，平均每家2.4部，此外，彩电的数量也超过了每户1台的比例。除此之外，农户中自行车、洗衣机、电冰箱、电话、空调、摩托车、手表的总量也都比较多。

表6-21 农户家庭主要耐用消费品数量的描述统计量

类别	频数(户)	极小值	极大值	和	均值	标准差
手表数量(只)	117	1	5	190	1.6	0.8
自行车数量(辆)	199	1	2	233	1.2	0.3
收音机数量(台)	16	1	1	16	1.0	0.0
黑白电视数量(台)	41	1	2	42	1.0	0.1
彩色电视数量(台)	235	1	3	312	1.3	0.5
洗衣机数量(台)	205	1	3	227	1.1	0.3
电冰箱数量(台)	200	1	4	225	1.1	0.4
照相机数量(个)	26	1	2	27	1.0	0.1
录像机数量(台)	8	1	1	8	1.0	—
电子琴数量(台)	3	1	1	3	1.0	—
电话数量(部)	105	1	6	146	1.4	0.8
手机数量(部)	135	1	6	327	2.4	1.1
组合音响数量(套)	24	1	2	25	1.0	0.2
空调器数量(台)	134	1	5	180	1.3	0.7

续表

类　　别	频数(户)	极小值	极大值	和	均值	标准差
摩托车电动车数量(辆)	143	1	3	154	1.1	0.3
微波炉数量(个)	48	1	2	50	1.0	0.2
电脑数量(台)	50	1	3	62	1.2	0.5
小汽车数量(辆)	18	1	1	18	1.0	—
货车数量(辆)	16	1	5	23	1.4	1.2
大中型拖拉机数量(辆)	4	1	9	12	3.0	4.0
小型拖拉机数量(辆)	59	1	3	62	1.1	0.3
机动三轮车数量(辆)	29	1	1	29	1.0	—
加工机器数量(台)	3	1	1	3	1.0	—
有效的 N (列表状态)	0					

二　家庭房屋情况

从农户现有房屋修建的时间来看，78.3% 的农户是在 2000 年之后修建的，14.2% 的农户是在 20 世纪 90 年代修建的，仅有 7.5% 的农户还住在 90 年代之前的房屋里（见表 6-22）。而从现有住房的房型来看，楼房已经是钱庙村房屋的主要类型，80% 以上的家庭住上了楼房，此外，砖木结构的房屋还有一定比例，占到 15.9%，草房和土房已经很少了。从住房情况看，农民的住房条件已经有了很大程度的改善，但是住房条件的差异也在扩大（见表 6-23）。

表 6-22　现有房屋盖房年份分布

单位：户，%

类　　别	频　　数	有效百分比
90 年代之前	18	7.5
1990~2000 年	34	14.2
2000 年之后	188	78.3
合　　计	240	100.0

表 6-23　农户现在住房房屋类型分布

单位：户，%

类　别	频　数	百分比	有效百分比
草房	4	1.5	1.7
土方	4	1.5	1.7
竹木结构	1	0.4	0.4
砖木结构	38	14.2	15.9
二至三层楼房	186	69.4	77.8
三层以上	6	2.2	2.5
合　计	239	89.2	100.0
系统缺失	29	10.8	
合　计	268	100.0	

从住房面积来看，100 平方米以上的住房占到了 70% 以上，其中 200 平方米以上住房超过了 2 成（见表 6-24）。农民住房人均面积不断扩大，在劳动力外出，主要是留守老人、儿童居住的情况下，大面积的住房已经成为农民较为普遍的浪费现象。村庄的住房亟待合理布局，提前规划，减少浪费。

表 6-24　农户住房面积分布

单位：户，%

类　型	频　数	有效百分比
100 平方米以下	69	29
100~200 平方米	120	50.4
200 平方米以上	49	20.6
合　计	238	100.0

从住房的现有价值来看，10万元以上的房屋价值占了近7成，其中30万元以上的房屋占到了13.7%（见表6-25）。可见，农民的最主要的财产体现在房屋上。

表6-25 房屋现值分布

单位：户，%

类别	频数	有效百分比
1万元以下	19	8.1
1万~5万元	27	11.5
5万~10万元	31	13.2
10万~20万元	63	26.9
20万~30万元	62	26.5
30万元以上	32	13.7
合计	234.0	100.0

从盖房原因上看，原有房屋破损、结婚需要以及样式翻新成为最主要的三项。实际上，改善性建房成为农民建房的主要原因，而因为跟风、流行而动辄十几万元投入的建房并不多见（见表6-26、表6-27）。此外，结婚的刚性需求也在农村建房中有一定的市场。而关于建房是否借贷，4成以上的农户在建房过程中有举债行为，可见，尽管建房为了改善居住环境成为主要原因，但是农民量力而行的建房仍然没有占到绝大多数，超过家庭承受能力的建房也有一定的市场。

表6-26 现在住房盖房原因分布

单位：户，%

类别	频数	百分比	有效百分比
收入宽裕	20	7.5	8.6
村里流行	6	2.2	2.6

续表

类别	频数	百分比	有效百分比
原房破损	77	28.7	33.2
结　婚	57	21.3	24.6
样式翻新	32	11.9	13.8
扩大面积	28	10.4	12.1
其　他	12	4.5	5.2
合　计	232	86.6	100.0
系统缺失	36	13.4	
合　计	268	100.0	

表 6-27　现在住房盖房是否借贷分布

单位：户，%

类别	频数	百分比	有效百分比
是	98	36.6	42.0
否	133	49.6	57.1
合　计	231	86.2	100.0
系统缺失	37	13.8	
合　计	268	100.0	

随着农民收入增长和科学技术的日新月异，农民家庭耐用消费品的现代化水平已逐步成为衡量农民生活质量的重要标志。近年来，农民家庭的耐用消费品不断更新换代，尤其在国家推行农民购买家电的补贴政策以来，农民对耐用消费品的需求无论数量还是质量都有了很大提高。总结钱庙村民家庭耐用消费品的特点，一是传统家电拥有率高，消费档次逐步升级。家庭耐用品的结构发生了明显的变化，其表现是从低档向高档转化。传统的三大件"彩电、冰箱、洗衣机"拥有率最高，许多家庭不止拥有1台，尤其是2008年以后购买的比例更高。二是住房消费带动明显，农户住房自有率

高，房屋的住宅面积大，房屋建筑类型日益高档，与此同时，高档家电日益增加，尤其是空调的拥有率增加较快。三是交通方式日趋多元，交通工具升级换代，摩托车拥有率已经超过了自行车，小汽车的拥有率也在逐渐提高。四是通信消费发展迅猛，智能手机、家用电脑成为新宠。随着农民收入的增加，农村基础设施建设的完善，城市消费风尚的感染，农村的消费还会有更大的改变。

第五节 在发展中逐步缩小农村贫富差距

改革开放 30 多年来，中国取得了举世瞩目的成就：国民经济持续、快速、健康发展，GDP 年均增速保持在 9% 以上，社会生产力和国家综合实力不断增强，经济总量稳居世界前列；人民生活水平显著提高，到 20 世纪末已总体上达到了小康。然而，随着经济的高速增长，中国也出现了严重的贫富差距问题。

据联合国数据显示，2010 年，中国的基尼系数突破 0.52；2011 年中国的基尼系数突破 0.55。目前，中国已经成为世界上贫富差距最大的国家之一。据国家统计局近日发布的报告，过去十年，城镇居民人均可支配收入年均实际增长 9.2%，农村居民年均实际增长 8.1%。2010 年、2011 年农村居民收入增速连续快于城镇，城乡居民收入差距有所缩小。

当大部分人还在担心城乡贫富差距的进一步拉大时，另一道差距鸿沟正在中国农村内部逐渐形成。2012 年 8 月在北京发布的《中国农民经济状况报告》显示，中国农村居民基尼系数在 2011 年已达到 0.3949，正在逼近 0.4 的国际警戒线。该报告的发布使人们对

"贫富差距扩大"的担忧已从城乡收入分配向农村内部拓展。

课题组在钱庙调查中发现,贫富差距在钱庙村也较为突出,但是该村通过办股份制企业及为农民提供诸多惠农政策等渠道遏制贫富差距的拉大。本节从钱庙的发展实践出发,简略地分析我国农村贫富差距问题的现状、起因并提出几点解决问题的对策。

一 农村贫富差距现状

改革开放以来,鼓励一部分人和一部分地区先富起来的政策给经济发展注入了空前的活力,我国经济持续增长,社会总财富在大量增加,广大人民的生活水平都得到不同程度的提高。但是,由于各种复杂的原因,收入分配的贫富差距总体上是呈扩大的态势。根据国家统计局等有关统计数据,农村居民人均纯收入基尼系数从1978年的0.2124增加到1999年的0.3361。而同期城镇居民基尼系数则从0.16增加到0.295。2004年农村居民人均纯收入基尼系数为0.3692,2005年为0.3751。基尼系数呈现拉大趋势。同期的全国居民基尼系数在2000年为0.417,首次突破0.4这一国际常用的警戒线,此后继续上升。2000年农村居民家庭人均纯收入最高的华东地区与最低的西北地区绝对差距达到1774元,扣除物价上涨因素也达到了492.8元。农村内部收入差距拉大已经超过城镇地区开始成为中国贫富差距的主要因素。金谨、陈蕴哲在《广东省农村贫富差距问题现状及对策分析》中对广东省不同地区2006年农户人均纯收入基尼系数进行了调查,数据显示广东省全省样本为0.60,珠三角地区为0.55,粤西地区为0.62,粤东地区为0.58,粤北地区为0.36。数据显示,随着经济发达程度的提高,农村地区的人均纯收

第六章 钱庙村的家庭收入、消费结构

入基尼系数越来越大。在中国省区基尼系数中，广东为 0.65、福建为 0.61、浙江为 0.54、江苏为 0.53，而经济欠发达地区的宁夏、青海、西藏地区分别为 0.33、0.3、0.28。省区基尼系数显示，经济越发达的省区，基尼系数越大。

由于历史地理、国家政策、产业结构、经济体制和法律制度等影响，中国农村已由 1978 年改革开放前的绝对平均发展到目前的农村居民贫富差距过大的阶段。

2012 年 8 月 21 日上午，华中师范大学中国农村研究院在北京发布《中国农民经济状况报告》。该报告对农民生产、生活消费、生活感受和农民经济状况等多方面内容进行了分析，客观地呈现出农民经济行为及经济活动的发展与变迁。报告认为，当前农民收入增长较快，其中，以外出务工收入为主的工资性收入稳定上升，并成为农民增收的主要来源。与此相对应的是农民收入差距在拉大，农民生活支出压力也在增加。同时，该报告还对农村居民基尼系数进行了测算，认为 2011 年农村居民基尼系数达到 0.3949，农民收入差距正在逼近 0.4 的国际警戒线。《中国农民经济状况报告》对 6000 多户农村居民过去三年的现金收入进行了抽样调查。将农户家庭收入由高到低递减排序，再将样本农户数按五等分法分组，收入最高的 20% 样本农户与收入最低的 20% 样本农户的累积收入之比为 10.19∶1。也就是说，两者收入有 10 倍之多的差距。从分区域考察来看，各区域内部农民收入差距大小不一，西部地区农民收入差距偏大些。与前面估算方法相似，从收入最高的 20% 的样本农户组内收入与收入最低的 20% 的样本农户组内收入来看，东部的倍数比为 7.71∶1、中部为 7.16∶1、西部为 8.81∶1。可见，西部地区农户

内部之间收入差距较大。

从本书第四章第二节的"个人及家庭收入的总体情况"一项的调查收入比例来看,钱庙村家庭纯收入的差异性比家庭总收入大。

二 农村贫富差距增大带来的问题

贫富差距并非都是不合理的。经济的发展和社会的进步导致的新型经济板块的出现,使得首先占领新的经济板块的人获得了新的收入。也造成了社会成员在收入方面的距离加大,这是有它的历史合理性的。社会主义市场经济的建立必然造成一定程度的贫富差距。市场经济建立的各个阶段中,不同的社会群体获益程度是不同的。拥有土地的人可以投资房地产,他就可以迅速的成为高收入阶层。所以,这个也是拥有历史合理性的。

鼓励一部分人、一部分地区先富起来,先富带动后富,最终实现共同富裕。这一政策在改革开放初期对于打破中国经济发展的桎梏,让经济得以迅速发展,起到了巨大的作用。现在的问题是,这一政策没有得到完整的落实。先富起来的人并没有去带动其他人实现共同富裕。从而拉大了相互之间的贫富差距。在农村地区经济发展还没有得到真正改善的时候,内部贫富差距拉大对农村发展将产生不利的影响。国内很多专家学者对日前公布的2011年农村居民基尼系数发表了看法并表示了担忧。

华中师范大学中国农村研究院院长徐勇在"中国农民经济状况报告新闻发布会"上对贫富差距拉大的负面影响表示了担心。他说:"良性的收入差距可以激励人们创造财富,但是如果收入差距过大,越来越多的农民就会弃农而去,农业的发展就会受到威胁;

另一方面，进城打工急于改变贫困状况的一些人也有可能不择手段，扰乱城市社会治安。这些都是贫富差距恶性扩大引发的潜在威胁。"

安徽省知名社会学家王开玉指出，贫富差距拉大或将带来农村地区乃至整个城乡社会的不稳定。以往突出城乡差距，两个群体毕竟生活在不同的生活空间，而农村内部的差距，相互间比较明显，更容易产生不平衡情绪。王开玉在接受新华网记者采访时说："农村收入差距的扩大可能引发粮食安全问题。"（新华社每日电讯2012年8月23日发表了《"农村人走茶凉"，十年后谁来种田？十倍贫富差距带来的农村发展战略反思》的消息，这条消息全文见附件1）

此外，贫富差距问题还会影响社会心理，引发社会不满情绪的滋生蔓延，影响人口所向，容易生成社会不稳定的心理温床。

三　农村贫富差距产生的原因初探

胡荣在2003年第6期的《学海》上指出，根据2001年10月在福建省厦门市和寿宁县对913户农民问卷调查的数据进行分析，发现地区条件差异和人力资本对家庭收入的影响是造成农村贫富差距产生的主要原因。

而华中师范大学中国农村研究院公布的《中国农民经济状况报告》则发现工农分化是导致农民收入差距的主因。2011年农村务工家庭户均现金收入为49688.22元，人均现金收入为12600.28元；务农家庭户均现金收入21905.33元，人均现金收入为6522.1元，务工家庭户均现金收入和人均现金收入分别是务农家庭的2.27倍和1.93倍。同时，将农户家庭现金收入从高到低分为五等分，在最高收入的20%样本农户中,务工农户占比88.9%,务农农户占比11.1%;在最低收入的20%样本农户中,务工农户占比17.5%,务农农户占比82.5%。可见,就业的工农差距依然是我国农户收入分化的主要原因。

据华中师范大学中国农村研究院执行院长邓大才教授介绍,以外出务工收入为主的工资性收入稳定上升,已成为农民增收的主要来源。2009~2011年,农民工资性收入每年呈两位数增长,增长率分别为38.45%和21.44%。2011年农民人均工资性收入达到7884.12元,工资性收入占农户家庭现金收入的比重为65.72%。这主要与工资水平上涨及外出务工农民人数增多有关。

华中师范大学中国农村研究院院长徐勇说:"中国农民过去的主要收入来源就是土地,土地的多少决定了农村社会分化的程度,所以在改革初期通过均分土地、土地流转来缩小差距。但是在新的历史时期,农民收入差距主要来自务工,这就意味着在农村地区需要更加强调为农民提供平等的就业机会、发展现代农业、加大社会保障,防止贫富差距的恶性扩大。"

农村贫富差距过大,究其根源,在于不合理的城乡二元制度,牵制城乡人口和金融等要素资源的流动,致使社会阶层面临突出的固化态势。而且当前农业基础设施薄弱,农村水电始终面临最后一公里难题,衍生出复杂的负外部性和"搭便车"等公地悲剧社会心理,无疑与农地非节约化、规模化经营不无关系。同时,当前土地制度下,农民无法有效分享征地所带来的级差地租收益,本质上是农村要素资源和财富的外流,加剧了农村和农业的弱势地位。农民进城务工乃是他们寻求致富之路的捷径。排除各种宏观因素,从微观上分析，现阶段造成农民收入差距拉大的主要原因大抵有以下几点。

1. 农村居民收入方式的改变

农村地区主要有两个要素，分别是土地和劳动力。农村的土地主要用于发展农业，农业产出的收益构成了农村居民的主要收入。外出务工的农村劳动力主要为工资性的收入。而在这两者中，外出务工的工资性收入占据农村收入的比例越来越大，也因此造成了收入差距拉大，以致贫富差距加大。

2. 农业生产技术的发展

新兴一代的农民和返乡农民工拥有较为先进的思想和技术，敢闯敢干，发展特种养殖经济，规模种养殖技术，以及初级加工业，效益好，收益大。而传统的农村种养殖技术产出低，造成了一定的收入差距。

3. 劳动力的文化程度

家庭人口规模小，劳动力负担人口少，从业人员比重高，具有较高劳动力文化素质的家庭，分配的收入明显较多；反之，分配的收入明显较少，家庭人口数量和素质成为影响收入分配不平等的重要因素。

四 解决农村贫富差距问题对策探讨

讨论农村贫富差距问题的对策首先要考虑的依然是"增加农民收入，实现共同富裕"这个老话题。近年来，中国农村出现农业副业化趋势。即使有了多种补贴，农业收入仍不能支持农民过上较富裕的生活，要花钱，只有出去打工，农民已经不再把农业作为主业。农业副业化反映了中国农村发展战略存在的问题。有专家指出，眼下必须加大支农惠农的力度，大力推动现代农业和土地规模经营，确保务农收入不低于务工收入。事实上，在一些本地经济发展好的地区，许多农民也实现了家门口的科学发展。

1. 发展农村新型集体经济——股份合作经济

多地实践证明，要实现农民共同富裕，最佳的办法就是发展农村新型集体经济——股份合作经济。股份合作经济，是以国际合作社原则为基础，吸收借鉴股份制的某些做法，将原农村集体经济组织的资产量化给农民，或由农民自愿入股组建的自主经营、自主管理、自主分配、风险共担的新型合作经济组织。股份合作经济的具体实现形式是股份合作社。股份合作社的成立主要有两种途径。

一是改革而成。就是通过对原农村集体经济组织进行产权制度改革，建立社区股份合作社、土地股份合作社。前者是指将集体经营性资产和货币资产等集体资产，通过折股量化给农民，使农民变成股东，再召开股东大会，民主选举产生合作社的管理机构——董事会、监事会。年终，根据合作社的盈利情况，按照合作社章程进行按股分红。后者是指在稳定农民土地承包权的基础上，由农民自愿将土地经营权入股，组建土地股份合作社，召开股东大会，民主选举产生合作社的管理机构——董事会、监事会。然后，通过公开招标形式，将成片或成块的土地公开招租，取得租金收入后，按照合作社章程进行按股分红。目前，在实际操作中，也有将二者同时结合起来的，即既搞集体资产折股量化，也搞土地入股。

二是自发建立。就是由农民自我发起组建各种类型的专业合作社。其中，包括生产型的，流通型的，投资性的，物业性的（建造标准厂房、打工楼等，取得出租收入再按股分红）。这些专业合作社，可以有效地解决单个农民过去根本无法解决的生产发展问题。比如，农民过去不可能人人创业、个个当老板。但是，通过联合投资，组建投资性的物业合作社，就可以实现联合创业。目前，其年红利分配都在10%以上。为了实现共同富裕，一些地方还明确规定了农户入股的上限，有效地避免来这些合作社被少数大股东控制的问题。同时，对贫困户也都采取了扶持措施。比如，对贫困户以扶持款入股，由合作社贷款帮贫困户入股等等。从而使全村农民无论贫富户户入股，使低收入户、贫困户也实现了共同富裕。

除了上述两种形式外，一些地方的社区股份合作社、土地股份合作社也正在向吸收农民投资入股，发展生产型、流通型、投资性、物业性的合作社。也就是说，正在将改革而成的合作社与农户自发建立的合作社进行对接。从而在农村形成了镇村合作、村村合作、村户合作等多种形式。比如，苏州到2005年末已建立社区股份合作社266个，占全市总村数的18.7%，享有股份的农户16.4万户，人员50万人，涉及集体经营性总资产50亿元，净资产35亿元；已建立土地股份合作社101个，入股土地6.94万亩；已建立各类专业合作组织549个。加入三大合作组织的农户总数已达到23.59万户，占全市农户总数的21.57%。2005年农民来自三大合作组织的收入10.6亿元，比上年增长21.4%。其中，投资性物业合作社有186个，入社农户1.74万户，股金总额3.48亿元，年投资回报率达到10%左右。目前，农村股份合作经济已成为苏州发展外向型经济、民营经济之后，正在迅速崛起的第三股重要经济力量。

课题组在调查中发现，在经济发展较好的农村地区，破解农村收入差距的做法就是通过发展乡镇股份制企业实现共同致富。无论是在霍山县的落儿岭村还是在凤台县的钱庙村，都是通过办股份制乡镇企业，发展乡村工业化，从而推动了农业现代化的发展，使农民收入大幅增加。钱庙村的人均收入由2005年的2000元增加到现在的10000多元。

2. 加大人力资本投资力度，提高农民能力

个人能力的大小在很大程度上决定了收入水平的高低。农村发展滞后，关键因素是当地农民素质和能力不高。往往就业能力强的劳动力都是向效益高的行业流动。随着市场经济纵深发展，就业于多行业成为必然选择。从事家庭非农产业和养殖业已成为越来越多农民的主导产业。要想农民增收，必须提高农村人口素质。一方面要提高农民技能水平，主要包括掌握现代农业知识、使用现代化农业设备；另一方面是提高农民思想意识，使农民具有市场竞争意识和专业化、社会化的观念。缩小农村贫富差距，关键要提高贫困地区劳动者素质。

3. 加大财政对支农惠农的投入

随着中国经济发展阶段的变化，由于结构性效应造成的农村地区间收入差距在减弱，除了继续增大农业科研、基础设施方面的投入，进一步提高农业经营性收入之外，继续加大向农村地区的转移支付是缩减农村地区间收入差距的有效政策措施。尤其是教育投

第六章 钱庙村的家庭收入、消费结构

入,提高农村地区人均受教育程度,提高人力资本水平,使其在未来普通劳动者工资上涨的发展阶段可以获得更高的工资性收入,不断减少收入集中效应的促增作用,以缩减中国农村地区间的收入差异。为此,政府应加大对农村教育的投资力度,尽快降低适龄儿童的辍学率及劳动者文盲率;同时,大力开展农民的专业技能培训,提高农民务农水平,改变落后观念,逐渐带领贫困农民走上现代化农业的道路。

附件

凭借着不错的木工手艺,44岁的安徽阜阳农民周景龙过上了"城里人"的生活。不久前,他在阜阳市阜南县城花30多万元购置了百余平方米的住房,孩子们也"放到"县城里读书。

"这样的生活条件在过去是不可想象的。"周景龙的高兴劲儿写在脸上。十多年来,他辗转于省城合肥多个建筑工地和家装现场,"人工费涨了,现在一个月能挣5000多元,年终带几万元回家不成问题"。

同样是淮河岸边的阜南县工桥镇孟寨村里,年逾五十的张文宣和老伴十几年如一日,耕种着自家5亩多农田。4个子女都到江浙一带打工了,有两个还在当地长期定居下来。

老汉夫妇一年纯收入不到4000元,仅相当于周景龙一个月的务工收入。"种点粮食只能维持日常生活需要,加上看看病,走走人情,如果不是孩子们平时给点钱,根本不够用。"张文宣抱怨着。

当大部分人还担心着城乡贫富差距的拉大时,另一道差距鸿沟

正在中国农村内部形成。

据国家统计局近日发布的报告,过去十年,城镇居民人均可支配收入年均实际增长9.2%,农村居民年均实际增长8.1%。2010年、2011年农村居民收入增速连续两年快于城镇,城乡居民收入差距有所缩小。

而日前在京发布的《中国农民经济状况报告》显示,中国农村居民基尼系数在2011年已达到0.3949,正在逼近0.4的国际警戒线。样本农户最大收入差距达到10.19倍。

在农村地区经济发展还没有得到真正改善的时候,内部贫富差距拉大对农村发展将产生不利的影响。这份报告引发了人们对农村发展战略及其潜藏问题的关注和反思。

"或将带来农村地区乃至整个城乡社会的不稳定。"安徽省知名社会学家王开玉指出,以往突出的城乡差距,两个群体毕竟生活在不同生活空间,而农村内部的差距,相互间比较明显,更容易产生不平衡情绪。

近年来,随着土地承包价格、雇工价格、主要农资价格的普遍上涨,农民生产费用大幅增加,效益下降,难以走出"增产不增收"的境地。从禽、蛋、生猪、部分蔬菜等主要农产品产销与农民增收情况看,农业生产的市场风险与自然风险并存。农产品市场体系尚不健全、农产品深加工和集约化程度低、附加值少,农产品抗市场风险能力较弱,这些都影响着农民增收的信心。

周景龙在村里还留着农田和祖宅,只是回去的时间不多了。他谋划的蓝图与农村没什么关系。"种地挣不到什么钱,必须得走出来,到城里务工。将来俺的孩子就是读不上大学,也要让他学门手艺，到城市里闯闯"。

张老汉就没有什么力气和心思改变现状了。随着年龄越来越大，老汉渐渐对繁重的体力劳作感到力不从心。对于未来的养老，他寄希望于60岁后每个月可以领到的百余元农村新型养老保险养老金。

"只是，越来越多的年轻人出去打工，村里的地以后就要荒芜了，没人种啊！"他抽着旱烟，忧心忡忡。

"农村人走茶凉！""十年后谁来种田？"人们关注着、焦虑着。

"农村收入差距的扩大首先可能引发粮食安全问题。"王开玉指出，近年来，中国农村出现农业副业化趋势。即使有了多种补贴，农业收入仍不能支持农民过上较富裕的生活，要花钱，只有出去打工，农民已经不再把农业作为主业。

"一方面是农业人口老龄化，一方面是新生代农民工不熟悉农业，不愿返乡务农。"王开玉认为，农业副业化本身反映了中国农村发展战略存在的问题。眼下，必须加大支农惠农的力度，大力推动现代农业和土地规模经营，确保务农收入不低于务工收入。

有网友说，农村务农，就像学生要学习一样，是务正业；农村不务农，就像学生忙于做生意一样，是不务正业。农村靠农业而富，就富得有质量；农村靠农业发展，就要符合科学发展观。

事实上，在一些本地经济发展好的地区，许多农民也实现了家门口的科学发展。

皖南黄山脚下甘棠镇670多人口的庄里村，利用"乡土味"的田园风光发展起"原生态经济"。游人沿着蜿蜒曲折的水泥路走入每户农家，在雕梁画栋的古祠堂里虔诚祈福，在徽式农家宅院里品尝绝对"绿色"的高山蔬果和农家菜肴。

一个省级贫困村如今变成富裕村，人均年收入1.2万元。

破解农村收入差距还要发展乡镇股份制企业。王开玉举例说，霍山县落儿岭村和凤台县钱庙村，随着乡村工业化的发展，也推动了农业现代化的发展，股份制乡镇企业办了十几个，农民收入大幅增加。钱庙村人均收入由原来的2000元增加到现在的10000多元。

此外，通过完善保障机制，让农民生活、就业、教育、医疗等得到可靠保障，享受到资源的公平合理分配，也至关重要。

53岁的皖南老农刘日红正忙着收拾出自家的三间卧室，参与村里和北京一家公司合作的度假养生游开发。"一个房间每晚收费70~90元，这又是一笔好收入啊！"（新华社记者任沁沁、蔡敏）

第七章　钱庙村的社会事业发展

社会事业发展与广大群众的生活息息相关，钱庙村在发展集体经济的同时，不断提升公共服务水平，教育、卫生等各项事业呈现出蓬勃发展的新气象。

第一节　钱庙村教育、卫生发展概述

钱庙村社区党委和村委会不仅重视集体经济发展，也更加关注教育和卫生事业的发展。

2009年建成了钱庙村幼儿园。幼儿园占地面积达9950平方米，其中建筑面积达2345平方米，是全县规模最大、设施最完备的幼儿园。学校共设12个教学班，在校学生450人。

钱庙中心学校有在职教师28人，教师学历合格率100%，50岁以下教师全部取得专科以上学历，取得小学教师高级职称的22

人，普通话达标率100%。钱庙中心学校多次受到上级领导部门的高度评价和表彰，先后被评为"安全文明校园""教育教学工作先进单位""普九巩固提高工作先进单位"。

钱庙村又整合私人医疗机构，成立了社区卫生室，投入了200多万元，兴建几百平方米的钱庙村卫生室。该项目还得到凤台县政府的大力支持，被列为凤台县民生项目。

第二节　钱庙村的教育

一　钱庙幼儿园

幼儿园教育作为整个教育体系基础的基础，是对儿童进行预备教育。幼儿园的作用在于解除家庭在培养儿童时所受时间、空间、环境的制约，让幼儿身体、智力和心情得以健康发展。可以说幼儿园是小朋友的快乐天地，可以帮助孩子健康快乐地度过童年时光，不仅能学到知识，而且可以从小接触集体生活。

为了让本村的孩子享受和城里孩子一样的学前教育，村集体出资近300万元于2009年9月前建成了这个幼儿园。该幼儿园位于钱庙新区东北部，占地近6亩，总建筑面积960平方米，学习、生活、娱乐设施齐备，在全县的幼儿园当中在基础设施和教育质量上都是首屈一指的。目前已招收学生268名。伙食标准为每个孩子每餐不低于5元，以保证食物的质量和营养。幼儿园现有教师8人，保育员6人，后勤人员3人。教师既有上级选派的，也有考试招聘的。园长由钱新荣担任。钱庙幼儿园之所以能够办得比较成功，主要有以下几方面的优势。

1. 基础设施好

幼儿园园址是经过精心挑选的，设在离钱庙村中心较远的地方。因为这里环境幽静，四周有很多树木和田园，方便小朋友接近大自然，这些都为幼儿园营造了一个非常良好的教学环境。幼儿活动室、餐厅一应俱全。为了方便周围的孩子入园，村集体还给幼儿园配备了标准的校车，每天接送孩子。

幼儿园是用实物教学（玩具、游戏）及发展幼儿智力的学校。在钱庙村的幼儿园里游乐设施更是一应俱全。

教学楼院内是一个很大规模的游乐场，有各种各样的游乐设施，如滑梯、攀岩、小城堡等。游乐设施外围是安全防护栏，游乐场的地面更是塑胶地面，最大程度上保护了小朋友的安全，使得小朋友可以在里面尽情玩耍。

教学楼内除了有各年级小朋友的教室外，还设有活动室。幼儿园宽敞的活动室光线充足，墙壁的颜色也很柔和。桌椅适合小朋友的高矮，桌椅的角是圆的，质料坚固耐用，有效地保护了小朋友，使他们在安全的环境下游戏，在游戏的过程中培养他们的想象力和创造力。

2. 教学质量高

钱庙幼儿园所有的教学方法都充分体现了以儿童为本的理念，符合小朋友的心理特点，注重通过游戏、音乐、绘画等达到德、智、体的兼顾，培养小朋友的身心健康。幼儿园里的玩具、物品准备得很充足，有需要的小朋友都能得到。如果小朋友之间发生争执，老师就会引导他们互相说出自己的想法，让他们学会礼让、学会沟通。比如，在读故事书的时候，让小朋友通过装扮角色来演绎故事、理解故事情节、体验故事中人物感情。还有雨天观察蚂蚁搬家等，充分满足了小朋友的好奇心，让他们体验到探索的乐趣。为了提高小朋友的信心和荣誉感，幼儿园还设有"宝贝棒棒堂"，用来展示小朋友的优秀作品。

为因人而异地进行正确指导，幼儿园与每个小朋友的家庭保持密切的联系，真正了解孩子的真实个性及生活情形，家长可以通过与幼儿园老师的沟通了解到孩子在园内学习、生活的情形及存在的问题，以便协助老师共同解决。这样，让家长对幼儿园有了更进一步的了解和信任，使得其他村的小朋友也慕名来钱庙村幼儿园。

3. 管理制度精

钱庙村幼儿园制定并实施了严格的安全门卫制度、食堂安全制度、消防制度和班级安全制度。通过这些制度的制定实施，有效地保障了在校学生的安全。

钱庙通过集体创办企业，村集体的可支配收入也逐渐增加，幼儿园也"不差钱"，由于农村的基础设施、配套环境和发展前景落后于城市，大量的优秀人才进城，钱庙村也一样，遇到了发展瓶颈，因为缺乏师资，原本能开设10个班的幼儿园现在只能招6个班。刘利书记说："如今，村干部们正忙着'招贤'，如先将一批受过高等教育的学生送到淮南幼儿师范学校去培训，再送到市直机关幼儿园交流锻炼，培养出的人才为钱庙的幼儿园充实师资。"（新华网合肥2012年11月27日电《钱庙"不差钱" 村官"愁"招贤》，全文见附件）

二 钱庙中心学校

1. 学校建设

学校积极想办法搞创建，为创建标准化学校争取各项资金共计

6.3万元，新建了门岗室，更新了校牌，修建了下水道，维修了围墙，粉饰墙壁，布置了校园壁画，修建了绿化带，购买了花草树木，修建了沙坑、国旗台、旗杆，给校园洼地填土，整平，购买了阅览桌、办公桌，购买了音响、DVD、安装了防盗窗，给多媒体教室、电脑室装上窗帘等等，同时申请新建三层9个班级的教学楼一栋，即将开工建设，现在校园环境优美，求知氛围浓厚。

学校本着以人为本，着力打造"书香校园"，努力营造一流的育人环境，学生们把墙壁当成天然画布，尽情挥洒，集体创作了手抄报系列作品，有《献给老师的话》《美术天地》《学校的课外活动》《我的祖国》等不同内容、不同主题的手抄板报展示。全校师生自己动手，对学校的大门和校园文化进行了精心布置。每个班级都设有学生"作品展板""学习园地""生活园地"，上面都是同学们自己的作业和作品，让学生充分发挥自主想象力，在创作的同时体会到了成长过程中的喜悦。每个专用教室内外都精心布置着学生的才艺展示以及学校的规章制度，励志的名言警句，条幅字画。精心布置的校园文化确实起到了"面面墙壁会说话、处处环境都育人"的作用。

学校虽小，但专用教室齐全，有小巧精致图书室，计算机教室、电子备课室、仪器室、科学探究室、实验室和准备室、多媒体教室、音乐教室、美术教室，党、团、队活动室，体育器材室、阳光小屋、留守儿童之家。各专用教室整洁卫生，布置得体，制度上墙，同时学校派专人管理，使用率高，充分发挥了专用教室的作用。另外还增加了多媒体教室和科学探究室，学生能够通过多媒体教学获得更多的知识，培养了学生学习兴趣。有了宽敞明亮、整洁的探究活动室环境，学生张开了想象翅膀，手脑结合培养了学生学科学、爱科学努力创作的好习惯。采用多种渠道提高图书的利用率，开展读书系列活动，吸引广大学生积极参与。个人借阅，班级借阅，带回家和家长共阅，让学生最大限度地汲取书中的营养。电脑室的使用培养学生收集、整理资料，利用信息的能力和终身学习的能力，丰富学生文化生活，促进学生自主、全面发展。

学校现有计算机 36 台，仪器器材 2000 套（件），图书 8000 余册，杂志 40 余种，音像资料 300 余盘，电子读物 10G 左右，基本满足了教育教学及办公需要。学校所有计算机均能上网，这样为学校与外界的交流和沟通搭建了一个平台。

2. 学校教育教学管理

学校注重内部管理的规范化、科学化、精细化、人文化，他们的办学目标是：办人民满意的教育；倡导"关爱学生、尊重差异、培养个性、开发潜能"的教育理念，已逐步形成教育思想现代化、向管理要成绩，以管理求发展，有力推动学校各项工作的开展。建立健全学校各项规章制度，在工作中充分发挥领导班子和全体教职员工的作用，使每个工作环节都做到了有章可循。加强师德师风建设，完善师德考评机制，努力提高自身素质，全面塑造整体形象，"修师德、强师能、筑师魂"。为了提高教师的道德修养，学校成立了以校长为组长，主任为成员的师德建设领导小组。领导小组在组织教师认真学习安徽省师德建设有关文件后，制定了《钱庙中心学校师德建设实施方案》《钱庙中心学校师德考核细则》等规章制度，同时广泛征求教师的意见和建议，最后由全体教师共同遵守和执行。

立足校本研训，促进教师专业发展。从领导班子做起，采用多种形式学习新课程有关文件精神和教育、教学新理念。在日常工作中，学校非常重视教师利用网络资源的能力，并组织学习，提升老师的教学水平。学校还不失时机地组织多名教师到合肥等地听专家讲课、做报告，学习计算机应用知识，到淮南市学校进修，到凤台教师进修学校亲临专家课堂；就课改的课堂教学工作学习，接受指导。另外，加强培训，开展有特色的课改教研活动。学校重点抓了新教学理念、新教学模式的培训。积极改革教学评价体系，促进师生多元化发展，努力实现与新课程体系的顺利对接。学校先后组织了青年教师备课、说课、参与教学设计评比、教学评价展评和校本研训现场会等系列校本研训活动。

此外，学校成立了校本课程开发领导小组，有计划、有组织地开发校本课程。积极开发了办小报、手工制作、栽花种草等适合农村小学的校本课程，这些校本课程的开设大大激发了孩子们学习的积极性，使孩子们的想象能力、审美能力和动手操作能力从不同程度得到了加强。

广泛开展教育教学交流活动，扎实开展校内外"实施新课程交流"活动。以学科为单位，交流、反思教学情况，进行案例交流、经验交流、论文交流、教育教学日志交流等，既注重切实解决实际问题，又注重概括提升，总结经验、探索规律，逐渐形成学校民主、开放、有效的教育教学活动格局。同时，进一步扩大对外交流，取长补短。

加强校本研训的管理。加强层级管理，各负其责，保证校本研训的经费投入，建立相应的规章制度，完善组织研训机构，建立校本研训专项档案，形成研训效果测评体系，注重日常教研活动的资料管理。做到每次校本研训有组织、有主题、有针对、有实效，活动前有计划、有方案，活动后有记录、有反馈、有整改、有总结的制度。定期组织评选新课程活动优秀教案、教学反思、典型案例、心得体会并写成小本交流学习。每年对规划的实施情况及时地进行总结，力求使校本研训在科学化、规范化的引导下取得良好的效果。加强教学常规工作检查。针对专家组初查提出的教学管理规范化，学校本期加大了对教学常规工作的检查力度，采取了一周一查，一月一总结。对教案的编写，作业的批改，单元测试及反馈，听评课、家访等情况进行量化考核，以简报的形式公示。培养了教师的竞争意识，使之全身心地投入到教学工作中，教育教学工作由粗放型逐渐向精细化发展。

合理地利用学校的资源。学校的资源十分有限，教学中遇到难题，教师们便利用丰富的网络资源解惑，一些年轻教师经常上网观看优秀课例，制作课件，学习先进教学理念，教育教学水平得到了快速提升。

3. 学校的体育、卫生、安全等方面取得的成效

（1）体育方面。

①规范体育课堂教学。学校严格执行国家规定的课程计划、教学计划和教学大纲。体育教师学习了《学校体育工作条例》，杜绝了课程计划和教学计划的随意性、盲目性。从体育课、课间操、体育器械室和课外特色活动四个方面加以规范整顿，彻底改变了初查时专家组指出的体育课堂教学随意性，课间操不规范以及体育活动形同虚设的局面，从思想上、行为上使学校体育工作得到了改观。

从备课、讲课、组织活动等方面做了详细的规定，从而使教师在工作中有所遵循。

②完善体育设施。多方筹措资金，建立操场、双杠、乒乓球台和沙坑，摆脱了学生无处锻炼身体的局面。

③丰富体育活动。加强体育课堂教学和课外活动的有机结合是开展体育活动的有效途径，同时也能增强教育效果。为此，学校先后组织了多项体育活动，如拔河比赛、定点投篮、踢毽子比赛、50米接力赛等，不仅促进了学生健康体魄的形成，而且还丰富了学生的校园文化生活，使学生的身心得到了全面的发展。

④加强监测监管。坚持以《学校体育工作条例》为标准，对学生健康状况实时监测，定期给学生体检，详细填写健康卡。

（2）卫生工作。

初评时提出学校卫生情况差，近几年，学校努力贯彻"预防为主"的工作方针，提高卫生工作质量，积极开展健康卫生运动。学校在没有专职卫生课教师的情况下，由体育教师牵头，各班主任共同参与，利用体育课、班会、晨会等对学生进行卫生知识的传授。学校为做好卫生工作的管理，制定了学校卫生管理制度，班级卫生管理制度、个人卫生管理制度、班级量化管理制度，使学校卫生工作走上了规范管理的道路，学校卫生情况有了可喜的变化。

（3）安全工作。

学校严格执行安全工作的各项规章制度，层层落实责任，明确职责，每周都对教室、实验室、体育设施、电路等进行一次排查，发现安全隐患及时整改。利用晨会、班会、队会、安全教育课对学生进行道路安全、防火、防电、防溺水、防伤害、防煤气等安全教育,提高了全体师生安全意识,近几年无安全事故发生。

4. 树立品牌,创办特色

丰富多彩的"阳光趣味体育活动"。学校积极建立"每天锻炼一小时,幸福生活一辈子"的现代健康理念,以丰富多彩的大课间活动为重点,全面实施《学生体质健康标准》,大力开展阳光趣味体育活动。除了必要的两课两操外,在学生中开展了呼啦圈、跳绳、踢毽子、乒乓球等趣味体育活动,每学年定期召开学生趣味体育运动会,学生们在积极参与的同时也锻炼了身体。这项活动受到了学生和家长的热烈欢迎,学生参与率达到了100%,取得了良好的效果。

色彩斑斓的美术特色活动。学校以创建美术特色教育为契机,开发了学校特色作业"校园手抄报",利用校园壁画、橱窗、黑板等创作平台,手工课的开展,使学生们尽情地挥洒个性,所有这些旨在让每一个孩子学会欣赏美、创造美,教会孩子用艺术的眼光看世界,用绘画的形式表现丰富多彩的世界,充分发挥孩子们的想象力和创造力。

第三节 钱庙村的医疗、卫生

建立健全钱庙村级卫生服务是政府实现卫生公平和人人享有初级卫生保健目标的有效途径。大力发展村卫生服务,是医药卫生体制改革的重要内容之一。对于构建科学合理、新型高效的卫生服务体系,满足群众需求,提升居民健康水平,解决"三农"问题,建设小康社会具有重要意义。

但是个别农村地区社区卫生服务机构是由原乡镇卫生院转型而

来,普遍存在"重治疗、轻预防"的思想,存在着公共卫生服务能力和水平不高、装备落后、医护人员素质不高、管理服务不优等问题。为深化医疗卫生机构改革,着力推进农村社区卫生服务优化发展,最大限度地满足广大群众的医疗卫生需求,2010年底,根据上级文件精神,钱庙社区对社区内个体卫生室进行了整合,成立钱庙社区卫生室。为了让社区村民享受到良好的医疗服务,村集体投资240余万元,新建了840平方米的医疗、医药用房及病房,拥有治疗室、观察室和病房12间,购买了彩超、全自动生化分析仪、全自动血流变分析仪等先进的医疗诊断设备,以便提高服务质量,这些基础设施超过了乡里的卫生院。卫生室每年会对老人和五保户进行免费体检2次。新农合建立后,卫生室还为儿童免费接种,婴儿一出生即发接种卡。现有医护人员6人、检验员1人、管理人员2人,并且还聘用原乡卫生院的院长黄冠超来室工作。栾超担任卫生室负责人,该项目还被列为凤台县民生项目,得到凤台县政府的大力支持。

钱庙村力争把卫生室办成全乡最好的医院。未来还要进购价值30多万元的CAX光机。为了更好地建设卫生防护系统,村里还提出如下要求。

一 立足基础,完善卫生服务体系

以村卫生服务规范化建设为抓手,积极向城镇医院靠拢。以钱庙社区卫生室为主,下辖的自然村卫生室为补充,形成覆盖钱庙村的卫生服务体系。深入调研摸底,加强布局规划,科学确定村卫生资源布局,优化医疗卫生资源配置。加大优秀医务人员的引进,有效改善服务条件。

二　严格管理，提升规范建设水平

严格按照村卫生服务机构的功能建章立制，进一步有效规范本村社区卫生工作，提升服务质量。改革本卫生服务运行机制，推行全员聘用聘任制，探索实施村卫生服务机构负责人公开招聘制度，建立健全任期目标责任制和绩效考核制，有效促进本卫生机构规范有效运作。

三　优化服务，打造本村卫生品牌

充分发挥本村卫生服务在资源上的优势，进一步强化服务意识，不断创新服务形式，拓展服务领域，丰富服务内涵，实现服务全覆盖，真正做到"便民、利民、为民"。建立卫生服务责任医生制度，组建由医护人员及预防保健人员组成的责任医生团队，明确每个医生团队的服务半径、服务对象、服务内容，开展卫生契约式服务。实行60岁以上老年人家庭医生制度，完善基本公共卫生服务购买制度，制定基本公共卫生服务项目目录，进一步加大基本公共卫生服务供给力度，切实满足群众需求。

四　强化素质，建立人才引育机制

全面加强卫生服务人才队伍建设，建立健全人才引入激励机制，有效提升卫生服务能力。加大人才引进力度，有计划地向社会公开招聘卫生技术人员，积极引进应届大学毕业生。制定卫生系统在职人员管理规范，强化绩效考核体系，切实加大卫生服务人才教育培训力度，不断提高社区卫生服务人员的业务技术水平。

五 加大投入，保障工作推进到位

进一步加大投入力度，为基层医疗卫生事业健康发展提供有力的经费保障。把村卫生服务机构建设纳入钱庙村总体规划，列为公共服务体系建设重要内容，在年度财政预算中合理安排，并随钱庙村发展情况逐步提高补助标准，确保卫生服务各项工作全面完成。

附件

钱庙"不差钱" 村官"愁招贤"

2012年11月27日新华网　　新华社记者/王正忠　鲍晓青

在安徽淮南凤台县，当地老百姓说到钱庙村，都忍不住地羡慕赞叹。村党委书记刘利说："别看我们是农村，但是'不差钱'，但是现在愁的是，高薪也招不到我们想要的人才。"

记者近日走进钱庙一看，呵！好一个繁荣的小集镇——道路干净、苗木葱郁，一幢幢前院后楼的小别墅整齐排列、大超市和大酒店一应俱全。路边甚至还有好几个装修考究的西点店，几名穿着讲究的年轻人正说说笑笑地走进去。几处大广告牌上写着："美丽乡村是我的家，农村不比城里差。"

为什么一个村子的底气这么足？刘利掰着手指给记者算，钱庙下辖10个自然庄，3436人，耕地不多，只有4000多亩。但是这几年村集体创办了机械配件加工厂、新型墙体材料厂、大超市、加油站等。2011年，这些企业的生产总值突破4200万元，实现利税460万元，村民从企业中分红总额超过160万元，年人均收入近万元，村集体可支配的资金也超过了300万元。

"这几年村里发展有了底子,那咱们就想着要上个档次。什么叫上档次?人家华西村那才叫上档次。"刘利说,为了防止村干部有"小富即安"的思想,他带着村干部4次去华西村考察学习,找出问题:"我们钱庙就缺有本事的能人——村里的幼儿园要好老师、建筑公司要有资质的建造师、新开的农家乐也要有经验的管理人才。"

可"不差钱"的钱庙却在"招贤"上屡屡受挫。刘利介绍,钱庙村幼儿园是花了470万元盖的标准园。建筑面积达2000平方米,教室里都装了空调。幼儿活动室、餐厅一应俱全。为了方便周围的孩子都能入园,村集体还给幼儿园配备了标准的校车,每天接送孩子。每年开学周围几个村的家长都来报名,但是因为缺乏师资,原本能开设10个班的幼儿园现在只能招6个班。

"幼儿师范专业的学生宁愿在城里工资少些,当个有编制吃皇粮的教师,也不愿来我们这儿,虽然基本工资开到了包吃包住每月1600元,比凤台县城高多了。建筑公司那边,也开出了6000元的月薪招有资质的建造师。"刘利说,"现在有本事的年轻人大都不愿意留在农村,除了配套环境和发展前途跟城里差距大,还有一些配套政策也跟不上。"

"十八大报告中说要科学发展,建设和谐社会。基层怎么和谐?就是干部要给群众办事、当群众的代言人。咱们钱庙要把有技术有能力、热心服务村民的人才引进来。"刘利说:"现在村干部们正忙着想主意'招贤',比如,先将一批受过高等教育的学生送到淮南幼儿师范学校去培训、再送到市直机关幼儿园交流锻炼,培养出的人才为咱们的幼儿园充实师资。我们急切盼望上面有关部门给一些配套政策,把有本事的年轻人留在村里,实心实意地为基层老百姓服务。"

第八章　钱庙村的文化和习俗

俗话说"十里不同风,百里不同俗",这是对中国这个多民族国家的民俗风貌的最好描述。在乡村民俗是村民价值观、交往方式等深层心理结构的反映,也是中国传统文化中极为重要的一部分。民俗源于人类群体生活的需要。千百年来,人们的饮食起居、衣食住行的习俗都因地域、气候等的不同而有所区别。乡村文化中,民俗是最有特色的一个部分。要了解一个地区的文化,离不开对当地民俗的了解。

第一节　礼仪文化——生命礼仪

世界上多数民族,都有比较丰富的生命礼仪。这种生命礼仪是贯穿人的整个生命过程的。它从一个新生命的诞生开始,至生命的逝去而结束。中间经过了成长、成年、婚姻等环节,生命礼仪是生命历程中柔软的节点,它承接了上一段生命历程,又开启了新的生命前景。而对于成熟的生命个体,生命礼仪则像冬日暖阳般的温暖,如同雨夜疲惫的路人歇脚的驿站。历尽跋涉艰辛的生命个体,由年少时对生命的憧憬转化为感悟,回望来时之路,心中充满着回味与感慨。但是不管是如风的少年还是沉静的中年,或者是安详的长者,生命礼仪都会给人们心底一份温和的滋养,温情的抚慰。

一 出生礼仪

汉民族传统的出生礼由几种礼仪组成,婴儿诞生,有诞生礼;三日后,有三朝礼;出生一个月,为满月礼;出生一百天,行百日礼;一周岁时,行周岁礼。这样,对一个新生命的迎接过程,才算完成了。出生礼仪因各地文化及传统仪式的差异而具有明显的地域特征。

在钱庙,婴儿出生后,首先是要带着煮熟后染成红色的鸡蛋到婴儿的外婆家去报喜,称之为送"喜蛋"。如果婴儿是个男孩便送双数,是女孩便送单数。外祖父母看到鸡蛋就知道生男生女了。

在婴儿出生后的第三天,婴儿的父母要邀请接生的人为婴儿洗澡,名曰"洗三"。这一天,婴儿的父母要举行"汤饼会",要吃"喜面汤",还要煮红鸡蛋发给亲戚邻居。汤饼会的规模和送出的鸡蛋具体数目看各家的富裕程度,比较富裕的会比较隆重,送的鸡蛋也比较多。

婴儿出生后的第十二天,娘家要给婆家送"奶糖礼"。包括母鸡、馓子、挂面、鸡蛋、红糖以及银器、衣服等。奶糖礼送到后,送礼人要吃一碗馓子茶,吃完后放些硬币在碗里,中午亲家招待。现在的钱庙人送"奶糖礼"主要是送鸡蛋、红糖和婴儿用品。亲戚朋友也会随礼。

等到孩子一周岁的时候，孩子的父母会把亲朋好友邀请过来，在孩子面前摆上一些物品，如笔墨、钱、玩具、食物等任孩子抓取，预示着孩子将来的前途和事业，名为"抓周"。以后每年孩子生日，都会给孩子庆祝生日，尤其是十周岁生日，相对比较隆重。

新中国成立前的钱庙人比较重男轻女，头一胎如果是女孩，一般会去附近的庙里请送子娘娘，抱一个娃娃回家放到床里，如果后来生了男孩，孩子在 6~12 岁之间需要还愿，要举办盛大的仪式把娃娃送还到庙里。但是随着社会的进步，钱庙人的这一带有浓厚的封建迷信色彩的习俗已经消失了。

二 结婚礼仪

男大当婚，女大当嫁。婚礼，无论在古今中外，都被认为是人生礼仪中的大礼。在钱庙，结婚礼仪有非常多的讲究。旧时多是"父母之命、媒妁之言"，如今大多的钱庙人都奉行自由恋爱。当青年男女情投意合，欲结百年之好的时候，会通知各方父母，准备结婚事宜。

在钱庙，结婚有三道程序。首先是过小礼，即指订婚，男方要给女方买三金，分别是金戒指、金耳环、金项链。另外要给"见面钱"，随着家庭的经济条件逐渐变好，现在一般是 1.1 万元，寓意是万里挑一。然后是过大礼，也称下书子，就是下聘书。男女双方要互换生辰八字，请算命先生算上一算，确定一个吉利的结婚日期。如今算生辰八字也只是走个形式、图个吉利而已。据双方家庭的经济状况，男方会适当的给些礼钱。

结婚当天，男方早上带着迎亲队伍赶往女方家，迎亲队伍多是由五辆轿车和一辆货车组成。最前面的车是领路车，第二辆为新郎新娘的婚车，后面的车是为女方送亲的而准备。货车用来放女方陪嫁的嫁妆。女方陪嫁的嫁妆多为家用电器如冰箱、液晶电视或者木制家具。男方带领的迎亲队伍一般要在中午12点之前赶回。女方在自家等待迎亲队伍，亲朋好友都要前来观礼。女方画好新娘妆，穿上嫁衣。旧时嫁衣多为传统凤冠霞帔，现今多是各式婚纱。

旧时结婚当天，男方早上发轿，轿杆上放一只公鸡，回来时女方带一只母鸡，名叫跟轿鸡，表明双双对对，夫唱妇随。这一习俗被延续了下来。现今男方的迎亲队伍也要带一个公鸡，然后女方家带一个母鸡，由女方的亲戚小孩抱着带到男方家中。

男方去迎亲时还应带拜盒到女方家，一般放梳子、钱和活鲤鱼。活鲤鱼在迎亲回途中放生到河流、沟渠中。男方到达女方家时，应给女方家里1000元作为女方的上轿费。然后由女方的兄弟将新娘从卧室里背出来。女方家应在门口准备火盆，新娘要从火盆上跨过去，称是驱邪。女方双脚不能直接接触地面，一般要垫上红布或红毯。跨完火盆，要继续由女方的兄弟将女方背上婚车，旁边有人要给新娘撑红伞。撑红伞的一般是男方亲戚家的未结婚的女孩或一个儿女双全的媳妇。当女方坐进婚车，嫁妆搬上汽车，迎亲队伍离开时不能走回头路，至少要走一段与来接亲时不重复的路段。沿途要燃放鞭炮。迎亲队伍走后，女方家要宴请亲戚朋友。一般女方家办酒要相对简单一些。而男方家的结婚喜宴依男方的家庭条件来定，没有固定要求。

当迎亲队伍快要回到男方家时，男方家门口要燃放四挂长鞭炮,还要燃放烟花。旧时结婚多要拜堂,现今已将这一仪式省略。当鞭炮响毕,男方要将女方抱入婚房。送亲的女方亲戚要被奉为上宾,到客厅请吃茶和点心,称之为"上客""大宾"。稍作休息后,女方换上婚礼便服,多是大红修身旗袍,与来宾一同到定好的饭店吃喜宴。

婚后第二天,新郎新娘要依次向长辈们行见面礼,并上坟祭祖。第三天夫妻两人回到新娘的娘家回门省亲,当天返回,称为"回门"。第六天娘家要派人去看望新娘,称为"瞧"。到了第十二天的时候,娘家人要接回新娘回家,小住几天,称为"接"。至此,结婚仪式才算正式结束。

三 寿诞礼仪

寿诞礼仪是每当生日时举行的人生礼仪,终生要重复好多次。虽然礼仪的中心意义都在于祝福、庆贺健康长寿,但因年龄的不同而有所差别。小时候一般不叫过寿,而俗称"过生日"。人们认为,小孩子、青年人做寿是不妥的,要折寿。只有到了一定的年龄,过了60周岁才能举行寿礼。不过,如果父母在世,即使年过半百也是不能"做寿"的,因为"尊亲在不敢言老"。

过生日对儿童、少年以及青年人来说,是值得高兴和庆贺的事情,父母家人一般都要以某种仪式予以庆贺、祝福。这种礼仪虽不像其他人生大礼那样隆重,却也明晰地记录着青少年成长的脚步。当此之时,人们回顾过去,展望未来,往往能增添一些生活的信心和智慧。在传统社会,小孩子过生日往往要举办家宴庆贺。俗称小孩子生日为"长尾巴",中午的家宴要吃面条,称喝"长命汤"。

生日忌喝"米汤""黏粥",俗话说喝了要"一年糊涂"。此外,孩子过生日这天不受打骂,否则不长。世家大族小孩过生日也有接受贺礼的。

钱庙人到了 60 岁以后,开始每十年做一次寿。旧时,富贵人家做寿要发请柬、邀请亲朋前来祝寿。前来祝寿者要赠送寿联、寿镜、寿鞋、寿面以及鸡鸭鱼肉等。祝寿当天,受礼人要穿礼服在中堂站立,点上寿烛,跪拜祖先,然后落座上席,前来祝寿者要行叩拜礼。礼毕,大宴宾客。一般家庭祝寿,只是家庭聚聚。除此之外,穷人家的女儿或侄女会给长辈做"旬头寿",六十六、七十三、八十四都是旬头。女儿或侄女一般要送双刀肉、大鲤鱼、酒、鸡、糕点等,为父母做寿。现今钱庙人为老人做寿,仪式相对简化,主要是宴请亲朋为老人祝寿。

四 丧葬仪式

自古以来,死亡就是人类所面临的一个严酷现实。面对死亡,每一个人把安详、勇气和生活的力量都留给活着的人们。丧葬仪式正是人们对逝去人的悼念与慰藉。钱庙人一直遵循着当地的丧葬礼仪。

在老人弥留之际,要在堂屋地上铺上麦草垫,将老人移到草铺上,为其穿上寿衣,头要朝外对着门。老人停止呼吸后,要给死者盖上蒙脸纸,口含铜钱,成为"噙口钱"。在死者的头前要点上"供灯",放上烧纸的盆。老人有女儿的,女儿要买九斤四两黄表纸用铁锅烧,其纸灰要收集起来包好,出棺时放在棺材里。

接下来是报丧,现在一般是通过电话向亲友报丧。但是姥姥家必须由其中的一个儿子亲自前往家中,之后要开始办丧事,搭灵棚，设灵堂，购买纸器，请唢呐团吹奏丧葬音乐。死者的晚辈要披麻戴孝，前来奔丧的亲朋要戴孝布，晚两辈的小孩子要戴孝帽子，送挽联花圈。

丧事操办一般是三天，三天里要每天接待宾客，晚上守灵，唢呐声、锣鼓声不断。在合棺之前，亲友要绕棺木一周，向遗体告别，俗称"关殓"。关殓后，在棺木上绑好龙栓，栓上"领魂鸡"。抬棺出门，孝子在前打引魂幡，其余亲属在后面跟随，俗称"拽棺尾巴"。送棺路过路口、桥梁等都要燃放鞭炮。抬棺到了预先选好的墓地，要绕坑三圈，然后用领魂鸡扑穴。然后将棺材放入墓穴，撒坑馍。放好后，孝子先铲一铲土放在棺木头上，然后送棺者帮忙填土成坟墓。将引魂幡和哭丧棒插在坟上，坟前要烧纸钱。

入土仪式结束后，送棺者叩拜返还。以后每年死者的忌日、清明节或盛大节日，死者的家人都会带上黄表纸、爆竹等到死者坟墓前去祭奠。

第二节 歌舞文化——花鼓灯

花鼓灯又名红灯，淮河流域的一种以舞蹈为主要内容的综合性艺术形式，具有比较完整系统的民间艺术形式。花鼓灯表演中，演员载歌载舞，穿插戏剧于其中，具有丰富的表情语言和肢体语言，独特的艺术风格和魅力是其长盛不衰的关键所在。铿锵有力、热烈欢快的舞蹈，尤其是其中扭、晃、颤、颠、抖等舞姿，表达了丰富的情感，其表演风格具有浓郁的乡土气息，深受百姓的喜爱。

在钱庙最具特色也最受欢迎的便是凤台花鼓灯。凤台古称州来，又名下蔡，位于淮河中游，交通发达，物产丰富，民风淳朴。凤台花鼓灯历史悠久，凤台花鼓灯起源于宋、元时期，至清代中叶已初具规模，趋于成熟，深受人民喜爱，成为流传甚广的民间艺术。清末民初阶段，花鼓灯在凤台基本形成自己的流派特色。在新中国成立后的阶段，花鼓灯登上了高雅艺术的殿堂，被誉为汉民族舞蹈的典型代表。改革开放以后，文化大发展、大繁荣，花鼓灯艺术受到重视，重获新生。

一　花鼓灯的传说

凤台的凤阳还有蚌埠的花鼓灯，是安徽影响比较大的灯戏。相传，花鼓灯起源于夏代。大禹娶了涂山氏的女儿——女娇为妻。新婚第三天，大禹便出征为天下人治水。治完淮河又去治长江。大禹先后治水十三年，三次路过家门而不入。第一次经过家门，听到妻子将分娩，由于心系治水，没有进门。第二次已经出生的孩子在妻子怀中向他招手，他只是挥手回应，也未入家门。第三次，当大禹再次路过家门时，已经10岁的儿子抓住父亲的手往家里拉，大禹只是说了治水未平便离开了。女娇十分想念大禹，每天抱着儿子启站在山坡上向着远方眺望，祝愿丈夫治水成功，早日归来。由于她望夫心切，精诚所至，化成了一块巨石，后人称为"望夫石"或"启母石"。为了纪念他们，人们盖起了禹王庙，每年农历三月二十八赶庙会，打起锣鼓，跳起舞蹈，从此就有了花鼓灯。

在钱庙村，每逢盛大节日、大型集会或红白喜事时，当地都会组织专门的花鼓灯表演。有的是本地的艺人，也有从其他乡请来的花鼓灯唱将。在钱庙村的各大晚会、联欢会等，都会把凤台花鼓灯表演作为压轴表演。在钱庙，只要说起花鼓灯，个个神采飞扬，滔滔不绝，甚至十来岁的孩子都能哼上几句。花鼓灯灯歌中唱道"玩灯的共有千千万，都是淮河两岸人"，可见花鼓灯在淮河一带的受欢迎程度了。

二 花鼓灯表演

花鼓灯共有三种角色。首先是女角腊花，新中国成立前多是由男性青少年扮演，也被称为包头的、兰花。往往会根据腊花戏份的多寡将其分为大腊花、二腊花、三腊花等。腊花的服饰比较复杂。腊花要头顶"球花"，一种用红巾或红绸从中折成球状花朵，固定在腊花的头上，两头各留2尺多，分左右搭在胸前。腊花的额头还要戴上黑布做的勒头带，被称为勒子，中间窄，镶嵌一枚勒花即花形亮片，两边宽，两头钉有带子。钉在勒子上的是用珠子亮片穿成的许多小串，珠串两边长，中间短，齐眉遮额。腊花脚上要绑上用前低后高脚形木板钉上做好的假小脚与绣鞋，由于裤脚肥长，只露出假小脚和绣鞋。

腊花的主要演出道具是扇子和手绢。在新中国成立前，多是艺人自制的折叠纸扇，用八根竹篾糊上桑皮纸，俗称八根柴。现在大多用的是舞蹈折扇，扇边是彩色绸子。手绢亦称手巾、汗巾，用正方形染色粗布做成，现在多用的是丝绸彩巾。腊花表演时右手持扇，左手持手绢。扇子拿法多样，有二指夹、三指捏、卧扇、扣扇、虎口拿扇等，用扇子表演的动作称为扇花。凤台花鼓灯表演中的扇花有四十多种，如摇扇、揉扇、砍扇、遮羞扇、单扑蝶、双扑蝶、盘荷花、小二姐绕玉容等，动作优美，细腻传神。手绢花即腊花用手绢做出的动作，一般有放帕、收帕、转帕、绕帕、里外八字花等。腊花表演以舞蹈动作为主，腊花的舞蹈步法也是多种多样，如大起步、小起步、波浪步、筛子步、云颤步、花梆步、绣步等多达三十种。腊花转身的动作有脚尖转身、扫堂转身、砍扇转身等，其中撤步转身和上步转身还分为抱头和缠头两种方式。腊花的舞蹈中还有拐弯、姿态等。拐弯有拧身留情、回头亮翅、回头望郎、龙摆尾拐弯等，姿态多是上身动作，如怀中抱月、单挎篮、凤凰单展翅、风摆柳、闪腰、耸肩、小二姐梳头等。

花鼓灯表演中的男角被称为鼓架子，亦称扎头的、挎鼓的。由于分工不同，鼓架子主要分为大鼓架子、小鼓架子、丑鼓、伞把子。大鼓架子，多由身体壮、力气大的人来担当，主要表演"上盘鼓"中的叠罗汉，俗称底座，要能顶起多人。小鼓架子是男角中的主要演员，要能歌善舞，专演"大花场"和"小花场"。丑鼓多表演插科打诨、演出时身背花鼓，表演滑稽诙谐，但要精于唱功，即兴演唱本领强，兼跳舞蹈。伞把子又叫领伞的，表演时手持岔伞，负责全场演出的指挥和调度，也是大花场的领唱。伞把子也分为文伞把子和武伞把子。文伞把子主要任务是唱和对唱，在花鼓灯队伍沿街行进时，引领队伍，被称为涮街伞。武伞把子以跳舞为主，尤其是翻跟头，在"大花场"的演出中以伞为指挥，掌握节奏和调度全场演员队形的变化。

鼓架子的舞蹈步法多是刚劲有力、干净利落的步法，如拔泥步、横矬步、大快步等。男角的动作主要有架势、拐弯、打腿动作等。架势有大架子、小架子之分。大架子主要有扁担式、浪子跳球、二郎担山、霸王举鼎、狮子大甩衣等，小架子多是前后拳、迎式、拜式、抽袖式等。拐弯动作有转身小踢腿、转身抓空、偷步等，大腿动作多是小五腿、五响抓空、打里拐、打外拐、外摆莲、里摆莲等。

花鼓灯的唱腔主要有两种唱腔，即挎鼓调和腊花调。挎鼓调是男唱腔，旋律质朴、节奏欢快、曲调与方言音调近似。而腊花调是女性唱腔，优美抒情、细腻婉转、节奏或慢或快，情感表达强烈。花鼓灯表演不可或缺的伴奏乐器是锣鼓，有"锣鼓一响，脚底板就痒"的说法。锣鼓直接影响着表演者的表演情绪、动作和节奏，被认为是花鼓灯歌舞的灵魂。凤台花鼓灯锣鼓分为下场锣鼓和曲牌锣鼓。下场锣鼓贯穿花鼓灯表演，而曲牌锣鼓用于街头行进中，招徕观众，引起注意，又被称为番子锣鼓。

在钱庙村经常上演的是花鼓灯的传统节目，主要有《大场》《小场》《游场》《板凳场》等。在新中国成立前，钱庙村的花鼓灯表演都是在谷场、空地上进行的。观众把场子围成一个圈，中间就是舞台了。现如今的花鼓灯表演已经走进广场和室内舞台了。钱庙村每年都会有三次大型集会，分别是农历二月二十四日、三月二十八和八月初八。在集会期间，不仅会组织各种商贸活动、体育活动、还有各式的文艺活动，花鼓灯表演是钱庙人最为期待的重头戏。花鼓灯表演多会在钱庙街道的中心广场上进行，观看者多达上千人。表演者的传神动作、优雅姿态都会引来钱庙村民的阵阵喝彩。

第三节　商贸文化——逢会

逢会是一些城镇集市为了发展经济，丰富百姓精神文明选取特定时日而举行的大型社会活动，在安徽皖北一带尤为流行。逢会是村民们赶集的盛会。在逢会那几天，钱庙市集非常热闹，其他村子的商贩和村民都会赶来，参加逢会，商贸活动异常繁荣。除了商贸活动外，近些年来也开始发展文娱活动。通常乡政府会发动市集市民合资请来一些戏曲表演团队、马戏团队等。在逢会当天还会有专门的花鼓灯表演、篮球比赛等。钱庙人一年中有三大逢会。

一 逢会一：农历二月二十四

钱庙原来没有集市，钱庙村民要买家用必需品等都到距钱庙三公里左右的店集去赶集。据传，清朝末年，店集出了个王秃子，兄弟三人，游手好闲，是远近出名的"二流子"。当时当地流传"宁惹苏李陈刘四大姓，不惹王秃子三弟兄"。刘楼（现已并入钱庙村）有个"老修爷"，德高望重。年前，他背了二十多斤粟粟（高粱）去店集卖，准备买年货过节，途中遇一刘氏后人，说："老修爷，我家年过不去了，你这粟粟借给我吧，今后有了就还你。"老修爷一看是同族，就把粟粟给了他。年后，他又去店集赶集，在集东头的茶馆内碰到王秃子。王秃子拿此事羞辱他，耍流氓要摸摸他的屁股，要他当众脱裤子。老修爷气不打一处来，但看到是在店集，也没和他纠缠，回到家中，发誓不再赶店集。当年农历二月二十四，老修爷在钱庙兴集，地点就在钱氏牌坊前。兴集时，钱庙共18户：汪姓1户、刘姓6户、钱姓11户，距今已有一百多年的历史。以后，每年的农历二月二十四钱庙便逢会一次。

二 逢会二：农历三月二十八

钱庙自然村的东南角原有庙宇一座，据传为钱氏所建，故村名为：钱庙（钱家庙）。庙宇根基为灰砖，上部为土坯。庙内五间神殿，东头三间供奉东岳大帝：黄飞虎，西头两间东是观音菩萨、西是娃娃山（送子送福）。民国二十年前后，因全国都在建"洋学堂"，由庞冠德、高焕清主持，扒去泥塑的菩萨像，将五间大殿改为了学堂。1954年发大水，房屋被水淹倒后，一直未重建，现已了无踪迹。但是自此就有了赶庙会的习俗，而庙会的日子便是原先庙宇中供奉的东岳大帝黄飞虎的生日：农历三月二十八。

三 逢会三：农历八月初八

2009年，钱庙新农村示范点建设基本完工，两个标准化农贸市场建成。钱庙村把原来沿路经营的农贸市场移入新区，农历八月初八举行市场迁移仪式。以后，钱庙人在每年的农历八月初八都会举行庆祝活动。

第四节 孝悌文化

仁爱孝悌是中华民族的传统美德。"仁"是中华民族道德的象征。其核心是"仁者爱人"。其根本是孝悌，"孝悌也者，其为仁之本欤。"传统孝悌文化的基本内容是父慈子孝、兄友弟恭。孝，指还报父母的爱；悌，指兄弟姊妹的友爱，也包括和朋友之间的友爱。孝悌不是教条，是培养人性光辉的爱，是中国文化的精神。在中国文化与西方文化走向融合的21世纪，在国人热烈讨论"孝悌精神还要不要"这一话题时，钱庙人依然保持并发扬着中国传统的孝悌文化。

在钱庙村的西边,有个贞节牌坊。牌坊正名为"皇清旌表节孝钱母苏太夫人之坊",立于大清光绪甲辰年小阳月,用来纪念钱庙村的一位钱氏老太太苏氏。

钱庙村的文物古迹

这一贞节牌坊是苏太夫人娘家在迪化任府尹的侄子建立起来的。钱母苏太夫人,生卒日期不详。坊上铭文为:21岁嫁入钱氏,丈夫钱勋,字功臣。28岁,生二子,长子钱立德、次子钱立言。31岁,丈夫去世,众人劝时,曰:我非畏死也,我求死不可耳,亲老子幼是皆吾责也,我讵得以死了事乎。敬老爱幼,八年如一日,老人的殡、奠、礼、葬皆出其手;二子从师受学,教之曰:民生在勤、勤则不匮。后嗣家谱有立、克、永、继、世、同、存,现又回归《钱谬王》百字派。苏太夫人后代现有40余户,近200口人。

尊敬老人、爱护子女是中华民族的传统家庭美德,钱庙人一直以钱母苏太夫人为榜样。如今的钱庙正在轰轰烈烈地构建"诚信为本、以孝当先"的社区文化，继承中华民族传统美德，弘扬中华传统文化。钱庙村刘利书记说，不管是企业经营还是员工、村民素质，首先强调的是诚信，没有诚信，企业无法发展，社区就无法前进。而孝是我们千百年来的家庭美德。学会了孝顺，懂得孝悌之意是衡量一个人品格的标准之一。

第五节 生育观念与生活态度

一般认为，生育意愿是指人们对于生育问题的看法、态度和倾向。概括起来说，生育意愿涉及三个问题：一是生育的目的，即为什么要生育子女；二是对生育数量的看法，即生育几个子女为理想子女数；三是有关子女性别的看法，即希望生育什么性别的子女。宏观上，生育意愿反映了社会的生育文化；微观上，生育意愿体现着个体行动者的理性选择。

首先，从生育性别观念上看，认同"农村一对夫妻没有男孩行不行"的比例并不高，仅占到1/4，而对此不认同的达到近6成。皮尔逊卡方检验表明，性别之间有着微弱的差异，从列联表上看，认同没有男孩行的男性反而更多，比例占到27.9%，而女性不认同的比例则比男性低了14.9个百分点，而不认同这个观念，即认为必须有个男孩的女性占女性总体的比例比男性占男性总体的比例更高（见表8-1）。可见，尽管女性是"重男轻女"思想的受害者，但是她们自己的观念却比男性更为保守，更为维护这种传统思想观念。

表 8-1 性别与生育性别观念交叉

单位：人，%

类别			您认为农村一对夫妇没有男孩行不行？			合计
			行	不行	说不清	
性别	男	人数	60	126	29	215
		百分比	27.9	58.6	13.5	100.0
	女	人数	6	30	10	46
		百分比	13.0	65.2	21.7	100.0
合计		人数	66	156	39	261
		百分比	25.3	59.8	14.9	100.0

从不同受教育年限受访者的观念上看，不同受教育年限的受访者生男生女的观念不存在显著性差异（见表 8-2）。

表 8-2 受教育年限与生育性别观念交叉

单位：人，%

类别			您认为农村一对夫妇没有男孩行不行？			合计
			行	不行	说不清	
受教育年限	0	人数	1	5	—	6
		百分比	16.7	83.3	—	100
	1~3 年	人数	8	15	6	29
		百分比	27.6	51.7	20.7	100
	4~6 年	人数	14	43	9	66
		百分比	21.2	65.2	13.6	100
	7~9 年	人数	31	72	19	122
		百分比	25.4	59.0	15.6	100
	9~11 年	人数	5	6	—	11
		百分比	45.5	54.5	—	100
	12 年以上	人数	1	3	1	5
		百分比	20.0	60.0	20.0	100
合计		人数	60	144	35	239
		百分比	25.1	60.3	14.6	100

尽管从卡方检验上看，不同年龄组的性别观念不存在显著性差异，但是我们从列联表上看，年龄越大的人的性别观念还是越趋向认同没有男孩不行，老年人的性别关系相对保守（见表8-3）。

表8-3 年龄与性别观念交叉

单位：人，%

类别			您认为农村一对夫妇没有男孩行不行？			合计
			行	不行	说不清	
年龄组	0~16岁	人数	1	—	1	2
		百分比	50	—	50	100
	21~30岁	人数	7	5	3	15
		百分比	46.7	33.3	20	100
	31~40岁	人数	13	22	11	46
		百分比	28.3	47.8	23.9	100
	41~50岁	人数	18	61	12	91
		百分比	19.8	67.0	13.2	100
年龄组	51~60岁	人数	14	28	5	47
		百分比	29.8	59.6	10.6	100
	60岁以上	人数	13	39	7	59
		百分比	22	66.1	11.9	100
合计		人数	66	155	39	260
		百分比	25.4	59.6	15	100

其次，我们从养育子女的动因上看，近一半受访者认为养育子女是为了防老，22.3%的人认为是为了传宗接代（见表8-4）。可见，尽管生育是一种自然现象，但是农民的生育仍然有着较为实际的功利目的，即为了养儿防老。这与农村社会保障体系确实依靠农民养老主要依靠子女，尤其是与儿子有关，这样也可以理解我们上述性别观念调查中为什么选择生育男孩的人比例高。从性别上看，不同性别的人养育子女的目的不存在显著性差异。

表 8-4　性别与生育目的交叉

单位：人，%

类别			您养育子女是因为					合计
			养子女防老	增加生活乐趣	维系家庭情感	传宗接代	说不清	
性别	男	人数	108	23	21	43	15	210
		百分比	51.4	11.0	10.0	20.5	7.1	100
	女	人数	18	6	6	14	2	46
		百分比	39.1	13	13	30.4	4.3	100
合计		人数	126	29	27	57	17	256
		百分比	49.2	11.3	10.5	22.3	6.6	100

从统计分析上看，不同受教育年限的受访者生育目的之间也不存在显著性差异（见表 8-5）。

表 8-5　受教育年限与生育目的交叉

单位：人，%

类别			您养育子女是因为					合计
			养子女防老	增加生活乐趣	维系家庭情感	传宗接代	说不清	
受教育年限	0	人数	3	—	—	2	1	6
		百分比	50.0	—	—	33.3	16.7	100
	1~3 年	人数	15	2	—	9	2	28
		百分比	53.6	7.1	—	32.1	7.1	100
	4~6 年	人数	34	7	5	14	6	66
		百分比	51.5	10.6	7.6	21.2	9.1	100
	7~9 年	人数	55	17	19	24	5	120
		百分比	45.8	14.2	15.8	20	4.2	100
	9~11 年	人数	6	1	2	2	—	11
		百分比	54.5	9.1	18.2	18.2	—	100
	12 年以上	人数	2	—	1	2	—	5
		百分比	40	—	20	40	—	100

续表

类别		您养育子女是因为					合 计
		养子女防老	增加生活乐趣	维系家庭情感	传宗接代	说不清	
合 计	人 数	115	27	27	53	14	236
	百分比	48.7	11.4	11.4	22.5	5.9	100

但是我们从不同年龄的受访者的生育目的来看，不同年龄组之间存在显著性差异。从表8-6中可以看出，年龄越大的人认同养育子女是为了防老的比例和为了传宗接代的比例越高，而年轻人中认为养育子女是为了增加生活乐趣和维系家庭情感的比例越高，可见，处于不同年龄的人由于家庭生命周期中处于不同的责任阶段，对生育目的的认知存在着与切身体会和需求相一致的现象。同时，我们也可以认为这是两代人或者几代人在生育观念上的差异，是一种代沟。

表8-6 不同年龄组和生育目的的交叉

单位：人，%

类别			您养育子女是因为					合 计
			养子女防老	增加生活乐趣	维系家庭情感	传宗接代	说不清	
年龄组	0~16岁	人 数	—	—	—	—	2	2
		百分比	—	—	—	—	100	100
	21~30岁	人 数	4	6	2	1	1	14
		百分比	28.6	42.9	14.3	7.1	7.1	100
	31~40岁	人 数	17	8	10	8	3	46
		百分比	37.0	17.4	21.7	17.4	6.5	100
	41~50岁	人 数	49	8	10	20	4	91
		百分比	53.8	8.8	11.0	22.0	4.4	100
	51~60岁	人 数	28	3	1	11	2	45
		百分比	62.2	6.7	2.2	24.4	4.4	100
	60岁以上	人 数	27	4	4	17	5	57
		百分比	47.4	7.0	7.0	29.8	8.8	100

续表

类别		您养育子女是因为					合计
		养子女防老	增加生活乐趣	维系家庭情感	传宗接代	说不清	
合计	人数	125	29	27	57	17	255
	百分比	49.0	11.4	10.6	22.4	6.7	100

再次，我们看一看村民对于子女的教育期望。从总体上看，农民对子女的教育期望并不高，期望子女大学毕业的比例仅占到1/4，近4成期望子女有高中毕业或中专毕业水平，而期望子女初中毕业即可的比例也有近1/3的比例（见表8－7）。可见，并非农民期望子女教育水平越高越好，他们对子女教育存在着实用主义的观念。实际上，在务工收入不断提高、大学生毕业找工作难的情况下，农民对于子女上大学的期望也在不断地下降。从不同性别来看，男性和女性在子女受教育程度的期望上不存在显著性差异。

表8－7 性别与教育期望交叉

单位：人，%

类别			您认为自己的子女最低应受多少教育					合计
			小学毕业	初中毕业	高中或中专毕业	大学毕业	硕士	
性别	男	人数	5	66	80	57	1	209
		百分比	2.4	31.6	38.3	27.3	0.5	100.0
	女	人数	—	18	18	9	1	46
		百分比	—	39.1	39.1	19.6	2.2	100.0
合计		人数	5	84	98	66	2	255
		百分比	2.0	32.9	38.4	25.9	0.8	100.0

从不同受教育年限看，受教育年限不同的人对子女教育的期望存在着显著性差异。从表8－8看，本人受教育年限越高，对子女

的教育期望也越高。

从不同年龄组来看，不同年龄的人对子女的教育期望也存在显著性差异，年龄越轻，对子女教育的期望也越高（见表8-9）。

最后，我们看一看对子女工作地点的期望。绝大多数父母对子女工作地点持无所谓的态度，这一比例占57.7%，也有28.9%的人希望子女在本地城镇工作。而愿意把子女留在本地农村的仅占7.9%（见表8-10）。性别之间存在微弱差异，女性对子女工作地点更多地持无所谓态度。同样，我们发现，不同受教育程度和不同年龄组对子女工作地点的选择上不存在显著性差异。

表8-8 受教育年限与子女教育期望交叉表

单位：人，%

类 别			您认为自己的子女最低应受多少教育					合 计
			小学毕业	初中毕业	高中或中专毕业	大学毕业	硕士	
受教育年限	0	人 数	—	5	1	—	—	6
		百分比	—	83.3	16.7	—	—	100.0
	1~3年	人 数	1	13	9	5	—	28
		百分比	3.6	46.4	32.1	17.9	—	100.0
	4~6年	人 数	1	23	23	19	—	66
		百分比	1.5	34.8	34.8	28.8	—	100.0
	7~9年	人 数	—	31	52	37	—	120
		百分比	—	25.8	43.3	30.8	—	100.0
	9~11年	人 数	—	1	5	4	1	11
		百分比	—	9.1	45.5	36.4	9.1	100.0
	12年以上	人 数	—	2	2	—	1	5
		百分比	—	40.0	40.0	—	20.0	100.0
合 计		人 数	2	75	92	65	2	236
		百分比	0.8	31.8	39.0	27.5	0.8	100.0

表8-9　年龄组与子女教育期望交叉表

单位：人，%

类别			您认为自己的子女最低应受多少教育					合计
			小学毕业	初中毕业	高中或中专毕业	大学毕业	硕士	
年龄组	0~16岁	人数	—	—	2	—	—	2
		百分比	—	—	100.0	—	—	100.0
	21~30岁	人数	—	1	5	7	1	14
		百分比	—	7.1	35.7	50.0	7.1	100.0
	31~40岁	人数	—	9	16	20	1	46
		百分比	—	19.6	34.8	43.5	2.2	100.0
	41~50岁	人数	1	28	38	24	—	91
		百分比	1.1	30.8	41.8	26.4	—	100.0
	51~60岁	人数	1	17	18	8	—	44
		百分比	2.3	38.6	40.9	18.2	—	100.0
	60岁以上	人数	3	28	19	7	—	57
		百分比	5.3	49.1	33.3	12.3	—	100.0
合计		人数	5	83	98	66	2	254
		百分比	2.0	32.7	38.6	26.0	0.8	100.0

表8-10　性别与子女工作地点交叉表

单位：人，%

类别			您希望子女在哪里工作				合计
			本地农村	本地城镇	外地城镇	无所谓	
性别	男	人数	20	59	14	114	207
		百分比	9.7	28.5	6.8	55.1	100.0
	女	人数	—	14	—	32	46
		百分比	—	30.4	—	69.6	100.0
合计		人数	20	73	14	146	253
		百分比	7.9	28.9	5.5	57.7	100.0

下面，我们对钱庙村民的人生价值观做一些分析。通过对村民"您目前干活挣钱的主要目的是为了什么"问题回答状况的分析，我们发现，满足于温饱并在此基础上的小康生活是村民最期待对待生活和金钱的价值观。在回答干活挣钱的最主要的目的中，选择满足于吃饱穿暖的比例最高，超过了4成，而吃饱穿暖是人生活在世上最基本的生存需求（见表8-11）。农民把这一需求放在首要位置，一方面是与广大农民，尤其是经历过困难时期的农民，他们对于吃饱穿暖有着深刻的人生体验，对于生存有着最朴素的期待；另一方面，也与农村当前的发展状况有关，尽管农村相比过去有着很大的发展，但是在城乡差距和贫富差距日益扩大的局面下，农民的生存仍然面临着严峻的形势。另外，我们也发现，满足了吃饱穿暖的基础上，农民对吃好穿好有着更高的期待，在被访者中，有超过6成把吃好穿好作为人生的重要目的之一。除此之外，我们发现，农民对于子女有着强烈的责任感，在他们干活挣钱的目的中，有近半被访者是为了子女上学，超过一半是为了自己或子女结婚。可见，在农民朴素的思想观念中，父辈对于子女有着无限的责任，而这种责任感，也使他们对于干活挣钱有着更为迫切的期待。

表8-11 干活挣钱的主要目的分布

单位：%

您目前干活挣钱的主要目的是为了	第一目的	第二目的	第三目的	个案百分比
吃饱穿暖	41.7	5.2	1.4	48.1
吃好穿好	23.8	24.5	17.6	64.3
多买几件高档家用品	2.1	19.7	16.7	37.0

续表

您目前干活挣钱的主要目的是为了	第一目的	第二目的	第三目的	个案百分比
翻新盖房	3.4	7.4	4.1	14.5
为子女上学	15.7	17.5	17.6	49.4
自己或为子女结婚	12.8	19.2	25.3	55.3
扩大生产经营	0.4	5.7	8.6	14.0
其他	0.1	0.9	8.6	8.9
合计	100.0	100.0	100.0	291.5

下面我们分析村民对目前生活的满意度情况。从相关分析来看，不同性别、不同年龄和不同受教育程度的村民对于目前生活状况的满意程度不存在显著性差异。具体来看，近7成村民对目前的生活状况是满意的，其中基本满意的达到55.3%，女性对目前生活的满意度更高一些。而对目前生活感觉到不满意的村民仅1成多一点（见表8－12）。可见，村民尽管收入水平不高，但是他们对于生活的期待并不高，对于目前生活状况保持着较高的满意度。

表8－12　性别与生活满意度交叉

单位：人，%

类别		性别		合计
		男	女	
很满意	人数	29	9	38
	百分比	13.4	19.6	14.5
基本满意	人数	116	29	145
	百分比	53.7	63.0	55.3
说不清	人数	45	3	48
	百分比	20.8	6.5	18.3
基本上不满意	人数	16	4	20
	百分比	7.4	8.7	7.6

续表

类　别		性别		合　计
		男	女	
不满意	人　数	10	1	11
	百分比	4.6	2.2	4.2
合　计	人　数	216	46	262
	百分比	100.0	100.0	100.0

最后，我们对村民的自我认知的社会阶层进行分析。从总体上看，村民自我认同的社会中间层的比例最高，占到44.3%，其次是认同自己为中上层的，占28.2%，而村民们认同自己为最上层和最下层的比例并不高（见表8-13）。从这种自我认同的社会阶层来看，钱庙村属于橄榄形的社会阶层结构。我们从不同性别的阶层认同情况看，男性和女性在自我认同的阶层地位上不存在显著性差异。这可能与村民对社会地位的认知往往以自己的家庭为单位来计算，而不是以个人来计算的。

表8-13　性别与社会阶层自我认同交叉

单位：人，%

类　别			如果将社会划分为下列5个阶层，您认为自己属于哪能一个					合　计
			上层	中上层	中下层	下上层	下下层	
性别	男	人　数	3	62	90	37	24	216
		百分比	1.4	28.7	41.7	17.1	11.1	100.0
	女	人　数	1	12	26	5	2	46
		百分比	2.2	26.1	56.5	10.9	4.3	100.0
合　计		人　数	4	74	116	42	26	262
		百分比	1.5	28.2	44.3	16.0	9.9	100.0

但是我们从不同受教育程度的人的阶层认知来看，不同教育程度之间存在较弱的差异，具体而言，受教育程度越高的受访者，对自己的阶层地位认同也高，而受教育程度越低的人，也往往更认同自己处于低的社会阶层地位（见表8-14）。

表8-14 阶层地位与受教育年限交叉

单位：人，%

受教育年限		如果将社会划分为下列5个阶层，您认为自己属于哪一个					合计
		上层	中上层	中下层	下上层	下下层	
0	人数	—	1	1	1	3	6
	百分比	—	16.7	16.7	16.7	50.0	100.0
1~3年	人数	1	9	9	4	6	29
	百分比	3.4	31.0	31.0	13.8	20.7	100.0
4~6年	人数	1	14	33	14	4	66
	百分比	1.5	21.2	50.0	21.2	6.1	100.0
7~9年	人数	2	42	62	12	4	122
	百分比	1.6	34.4	50.8	9.8	3.3	100.0
9~11年	人数	—	4	3	3	1	11
	百分比	—	36.4	27.3	27.3	9.1	100.0
12年以上	人数	—	3	1	1	0	5
	百分比	—	60.0	20.0	20.0	—	100.0
合计	人数	4	73	109	35	18	239
	百分比	1.7	30.5	45.6	14.6	7.5	100.0

不同年龄组之间的阶层自我认知也存在着较弱的差异。具体而言，中青年组的人更认同自己处于较高的社会阶层，而老年组则更倾向于认为自己处于较低的社会阶层地位（见表8-15）。

表 8－15　年龄组与阶层地位认知交叉

单位：人，%

年龄组		如果将社会划分为下列 5 个阶层，您认为自己属于哪一个					合　计
		上层	中上层	中下层	下上层	下下层	
0～16 岁	人　数	—	—	1	—	1	2
	百分比	—	—	50.0	—	50.0	100.0
21～30 岁	人　数	—	3	10	2	—	15
	百分比	—	20.0	66.7	13.3	—	100.0
31～40 岁	人　数	1	14	26	3	2	46
	百分比	2.2	30.4	56.5	6.5	4.3	100.0
41～50 岁	人　数	2	29	40	14	6	91
	百分比	2.2	31.9	44.0	15.4	6.6	100.0
51～60 岁	人　数	—	15	23	7	2	47
	百分比	—	31.9	48.9	14.9	4.3	100.0
60 岁以上	人　数	—	13	16	16	15	60
	百分比	—	21.7	26.7	26.7	25.0	100.0
合　计	人　数	3	74	116	42	26	261
	百分比	1.1	28.4	44.4	16.1	10.0	100.0

第六节　钱庙村村民的社会关系网络

社会网络分析方法是由社会学家根据数学方法、图论等发展起来的定量分析方法，近年来，该方法在职业流动、就业获得、社会管理等领域广泛应用，并发挥了重要作用。我们通过对村民日常事务的社会讨论网或商量网的分析，可以发现村民在不同的社会领域的社会关系网情况,并由此来分析村民对于公司领域不同的信任程度和处理方式。

我们从村民的社会关系中重大事务的商量或帮忙网络可以看出,在涉及农户家庭私领域的事务,如生产经营、盖房、婚礼、丧葬、伤病护理、养老、子女升学等,家庭成员或直系亲属是他们最主要的商量对象和帮助来源。在生产经营上,65.2%的村民首先想到与家庭成员商量,46.3%的村民其次想到了父母和兄弟姐妹;在盖房子这个重大事务上,6成以上人首先和家庭成员、父母和兄弟姐妹商量;而婚礼、丧葬、伤病护理、老人赡养等方面,首先和家庭成员、父母及兄弟姐妹的比例均超过了8成。可见,家庭仍然是村民生活的主要圈子,村民的主要社会关系和社会生活围绕家庭构成的差序格局来进行。当遇到灾害、社会治安等公共事务时,村民则倾向于向公共机构获得帮助与支持。当家庭遇到灾害时,家庭仍然是他们获得支持的主要来源,近4成首先与家庭成员及父母、兄弟姐妹商量,但是,有30.3%的村民向村委会寻求帮助,15.4%的村民首先向乡政府以上部门寻求帮助;在社会治安上75.7%的村民首先向村委会商量或寻求帮助。而私领域的事务上升到公共领域时,村民的社会诉求是怎样的呢?问卷发现,当家庭出现纠纷时,诉诸非正式关系,如家庭成员、亲戚朋友等来解决纠纷的比例仍然保持较高比例,但是也有21.7%的村民首先将这些问题诉诸村委会;当村民与他人发生了纠纷,诉诸村委会的村民超过了3/4,而对非正式关系的诉诸则相对较少。而类似于找工作这种介于公共领域和个人领域之间的事务,村民诉诸正式关系和非正式关系不存在显著性的差异(见表8-16)。

表 8-16 您家遇到以下情况时，通常找谁商量或帮忙

单位：%

类　别	生产经营 首先	生产经营 其次	灾害方面 首先	灾害方面 其次	盖房 首先	盖房 其次
家庭成员	65.2	4.0	19.3	2.5	36.8	2.5
已分家的兄弟姐妹、父母	12.8	46.3	20.9	14.8	26.8	16.7
宗族成员	3.2	17.4	2.4	9.9	3.2	13.6
其他亲戚	1.6	13.4	4.3	10.3	1.2	18.2
邻里	1.6	7.5	4.7	9.4	2.0	29.8
朋友	9.2	4.5	0.8	7.4	0.8	2.0
自己所在单位	—	0.5	—	3.0	0.4	—
民间组织	0.4	0.5	—	—	7.6	1.0
专业协会组织	1.6	0.5	—	0.5	0.4	8.6
集体经济组织	1.2	1.5	—	0.5	0.8	—
村委会	2.4	3.5	30.3	14.3	19.2	5.1
村党组织	0.4	0.5	1.6	17.2	—	0.5
乡以上政府部门	—	—	15.4	9.9	0.4	2.0
其他	0.4	—	0.4	0.5	0.4	—
合　计	100.0	100.0	100.0	100.0	100.0	100.0

类　别	婚礼 首先	婚礼 其次	丧葬 首先	丧葬 其次	伤病护理 首先	伤病护理 其次
家庭成员	38.6	1.4	32.2	0.9	64.3	3.5
已分家的兄弟姐妹、父母	44.0	20.2	52.3	11.7	30.3	47.0
宗族成员	7.5	37.6	12.1	50.0	2.9	8.5
其他亲戚	2.1	23.4	0.4	22.1	1.6	34.5
邻里	3.7	7.3	2.1	8.1	—	1.0
朋友	1.2	6.4	0.4	4.5	—	2.5
自己所在单位	—	—	—	—	—	0.5
民间组织	0.8	1.8	0.4	2.7	—	—
专业协会组织	1.7	1.4	—	—	—	1.0
集体经济组织	—	—	—	—	—	—

续表

类别	婚礼		丧葬		伤病护理	
	首先	其次	首先	其次	首先	其次
村委会	0.4	0.5	—	—	0.8	1.0
村党组织	—	—	—	—	—	—
乡以上政府部门	—	—	—	—	—	—
其他	—	—	—	—	—	—
合　计	100.0	100.0	100.0	100.0	100.0	100.0

类别	老人赡养		治安		家庭纠纷	
	首先	其次	首先	其次	首先	其次
家庭成员	54.5	3.4	7.4	1.1	21.3	0.5
已分家的兄弟姐妹、父母	32.1	47.1	0.8	2.1	11.1	4.1
宗族成员	4.9	15.9	1.2	0.5	14.3	21.8
其他亲戚	6.1	24.0	0.8	20.5	11.5	18.7
邻里	—	0.5	2.5	2.6	6.6	6.2
朋友	—	0.5	0.8	—	2.9	3.6
自己所在单位	—	—	1.6	—	0.8	0.5
民间组织	—	—	1.2	—	—	—
专业协会组织	—	2.9	0.8	2.6	1.2	1.6
集体经济组织	—	—	—	—	0.4	—
村委会	2.4	2.4	75.7	14.7	21.7	23.3
村党组织	—	1.4	0.8	31.6	6.1	11.4
乡以上政府部门	—	1.4	0.8	19.5	1.2	7.8
其他	—	0.5	5.3	4.2	0.8	0.5
合　计	100.0	100.0	100.0	100.0	100.0	100.0

类别	与他人纠纷		子女升学		找工作或找活干	
	首先	其次	首先	其次	首先	其次
家庭成员	6.2	—	30.5	1.0	19.4	1.0
已分家的兄弟姐妹、父母	1.2	0.5	10.7	13.2	6.9	9.4

续表

类　别	与他人纠纷		子女升学		找工作或找活干	
	首先	其次	首先	其次	首先	其次
宗族成员	3.3	5.9	1.3	3.6	—	2.5
其他亲戚	2.9	3.8	12.4	35.0	14.2	25.2
邻里	0.8	3.2	—	0.5	2.6	3.0
朋友	1.2	19.9	15.0	10.7	16.8	14.9
自己所在单位	0.4	—	10.7	2.0	10.8	5.0
民间组织	—	—	—	1.0	—	0.5
专业协会组织	1.2	1.6	0.9	10.2	3.0	9.9
集体经济组织	—	0.5	0.4	—	1.3	—
村委会	71.9	17.7	5.6	5.1	9.5	8.4
村党组织	3.7	25.8	8.2	5.1	9.9	6.4
乡以上政府部门	7.0	18.8	0.9	9.6	1.7	11.9
其他	—	2.2	3.4	2.5	3.4	2.0
合　计	100.0	100.0	100.0	100.0	100.0	100.0

通过对村民社会关系网络的分析我们可以发现：村民日常生活中主要涉及的私人问题，在村落组织中人们主要借助于差序格局为中介力量的私人力量来解决问题；而涉及私人领域无法完成的家庭或个人事务，虽然非正式的私人力量也起着很重要的化解作用，但是村民诉诸组织化力量具有十分明显的倾向性。通过这种分析，我们也发现，在诸如养老、伤病护理等既涉及私人事务，同时也是国家和社区公共事务的事情上，村民对组织化力量的诉诸并不高，实际上，这是农村长期缺乏社会保障而形成的农民的思维惯性。

第七节　钱庙村的创业文化

创业文化其基本内涵主要包括开拓、冒险和创新，即鼓励技术创新、管理创新和文化创新，具有开拓向上的勇气和激情，直面和容许失败，拥有和弘扬团队精神，注重学习培训，把知识经济时代的科学精神与创业精神相融合，通过知识和创业价值的发掘来实现区域经济和社会经济的腾飞。创业文化是一个系统的社会文化工程，具有非常深刻的社会、经济、文化意义，它并不单单指的是文化，而是具有可认知性的，体现着知、情、意相统一的文化精神。

一　建立文化主题

钱庙村的创业文化以学习为起点。刘利书记深知钱庙村要发展就必须向成功案例学习，于是他多次组织去华西村考察，学习先进经验，确定了创业的主题，这也是钱庙村创业文化的核心。同时钱庙村通过尊重传统文化、学习先进文化、融通各种文化、创造特色文化形成了生机勃发的文化生态。钱庙村全力打造"诚信为本、孝字当先"的村落文化，不管是企业经营还是员工、村民素质，首先强调的是诚信，告诫员工和村民没有诚信，企业无法发展，钱庙村就无法前进。教育村民，孝敬父母，尊老爱幼，创建和谐社会。正是因为始终弘扬诚信文化，人人讲诚信，钱庙村才一直保持着凝聚力和战斗力。

二　完善文化视觉系统

文化主题确定后，它还应有文化主题识别系统，即视觉系统。这种主题视觉系统可以提高创业组织的内涵度，可以让人们感受到

第八章　钱庙村的文化和习俗

创业主题的艺术魅力。钱庙村用三个标志性建筑物填充了钱庙的创业文化视觉系统,一是在钱庙村中心树立了一座名为"托起未来"的雕塑,意为"努力奔向钱庙美好的未来"。二是树立了一个灯塔每晚亮起,意为"照亮钱庙"。三是建立了一个标志性的建筑,意为"走出钱庙"。有了这种主题公共艺术视觉系统,村民及到过这个村子的人们自然过目不忘,这样就对人们产生了强烈的视觉冲击力和艺术震撼力,产生一种精神上的震撼和推动,创业文化的主题就通过这些公共环境艺术景观系统形象显现出来了。

农民工回乡创业

三　文化战略管理

在一个创业文化建立以后,战略管理贯穿着文化发展的始终，这就要求管理层的宏观调控具体、系统化、程序化，在微观运作上深植化、明确化、可操作化，通过主题经济运作，使创业文化推广化，这样就把文化主题延伸到了经济、文化、旅游、教育、品牌企业等方面。通过对钱庙村发展模式的研究，我们可以发现钱庙村的经济、政治、民生等各方面，无不融入了钱庙创业文化，如钱庙理事会、钱庙村卫生室、钱庙村幼儿园等，都有相应的激动人心的口号与发展目标，与钱庙创业文化形成呼应，互相依托。

四 文化承载

文化由人来承载，树立典型与宣传典型是主题文化的一个部分，对那些为主题文化作出证明和表率的典型人物进行宣传和表彰是建立文化承载的主要方式，钱庙村推出多个先进人物典型对内对外进行宣传，号召全体村民学习，比如积劳成疾付出生命的村委会主任吕艳全、带领"80后"奋斗的刘成等，他们已经成为钱庙文化的代表人物，不但让钱庙人有了学习榜样，同时丰富了钱庙文化的血肉，他们的精神是钱庙创业文化的体现。

文化也是一种核心竞争力，它有不可模仿性、难以替代性和不可复制性。一个地区或组织有自己的创业文化，就会处于一种战略竞争的最佳位置。钱庙村就这样一步步树立了自己的创业文化，为钱庙村的经济发展增添了文化的魅力和精神的力量，使其更加具有竞争力和发展潜力。

想治村首先要懂行，只有加强学习，深入钻研，把与发展产业相关的业务问题弄懂、吃透,才能真正把工作做好,同时要认真掌握党的路线方针政策,解放思想、实事求是,谋划好村里发展的规划。"问渠那得清如许,为有源头活水来",只有树立创业文化,通过不断地学习、提升思想境界才能不断创新,才能开阔眼界,开创新的发展领域。

第九章　在振兴皖北和中原经济区中更大的发展

凤台县钱庙村是近几年来崛起在皖北平原上的一颗新星。2006年以前，钱庙村与钱庙乡其他村相比，经济发展很落后，到2006年的时候欠外债30多万元，当年人均收入不到2000元。然而，就在过去短短几年的时间里，钱庙村经济发展发生了翻天覆地的变化，到2011年全村经营总收入10852万元，集体可利用资金130万元，人均纯收入达8760元，在凤台县264个行政村中名列前茅。

钱庙村的快速崛起，是村支书刘利带领当地干部群众创造的奇迹，同时也与钱庙所处的皖北平原的地理特征、历史背景等大环境的发展变化密不可分。课题组此前已经对皖西的落儿岭村（2008年）和皖南的盐铺村（2010年）开展过调查研究，加上此次对皖北钱庙村（2012年）的调查研究，课题组对安徽农村经济社会发展的调查基本形成了完整的覆盖。在安徽省即将大力开发皖北之际，研究钱庙村具有现实的指导意义，对将来皖北的整体发展有着很强的借鉴意义。

第一节　振兴皖北的背景

淮河流域地处我国"腹心"地带，安徽省位于淮河中游，干流河道比降平缓，境内流域面积6.7万平方公里，淮河以北是广阔的平原，面积3.7万平方公里，地势西北高，东南低，坡度平缓，东北部有局部低山残丘；淮河以南面积3万平方公里，中部和南部是丘陵，西南为大别山区，沿淮是连串洼地。

一　淮河两岸曾经的繁华与衰落

过去，淮河流域山清水秀。在以前的社会条件下，南北双方的气候环境决定了其种植的农作物必然不同，主要农作物为南方适宜水稻、北方适宜小麦，故而南方的主食为米饭，北方则为面食。因为淮河地处这两种气候环境的分界线，气候条件适宜，生产的农作物汇集南北精华可水稻亦可小麦，单从饮食上来说就可以做到南方或北方不能轻而易举做的事。因而更有"江淮熟，天下足"描述江淮流域的美丽富饶。然而20世纪80年代以来，广大淮河流域由于水灾、污染等，逐渐失去了往日的繁华与风采，经济发展明显滞后于东部其他区域。

二　淮河流域落后的原因

1. 淮河水患

淮河为两岸的居民提供了丰饶的食物，却又是一条有名的灾难之河。"大雨大灾、小雨小灾、无雨旱灾"成了淮河的真实写照。

历史上,"黄河夺淮"是造成淮河流域灾害频繁的主要原因。从金代明昌五年（1194年）开始,在长达661年的黄河泛淮时间里,黄河共有284次在皖北各支流泛道上决溢,上万亿吨泥沙被带到淮河流域,不仅改变了淮河平原地貌,还破坏了淮河各支流排水系统和农田灌溉工程。新中国成立前的河道堤防残破失修,防洪标准很低,一遇暴雨洪水,就会造成中下游地区严重的洪涝灾害。据统计,在黄河北徙的1855～1949年的94年中,淮河流域共发生较大洪涝灾害48次,旱灾40次——非涝即旱,基本上每年都有一灾。淮河流域地跨南方和北方,加上降雨天气系统路径本身也有一定的南北摆动,因此流域中自然兼具南方春雨、梅雨和北方盛夏暴雨两个雨季汛期。所以从6月下旬到8月下旬,淮河流域72天时间内的降水量一般要占到年降雨量的40%～50%。特别是梅雨期间,因北方冷空气尚较强,梅雨雨带窄且雨强大,位置又相对稳定,每遇冷暖空气都较强且持续时间又较长的年份,就会发生特大洪水。1954年、1991年和2003年等年份都是这种情况。

"一方水土养一方人",淮河易泛滥成灾的特性对沿淮地区的文化及人民性格的形成有重大的影响:灾害频繁,为了生存,淮河两岸的人民练就了比他乡人更多的坚韧和耐力。可是,由于灾害实在太多且依靠人力无法战胜,人们即使花了许多力气建好的房屋,只要一场洪水袭来,一切都烟消云散。20世纪以来,淮河流域发生大洪水的年份有17次。每次淮河泄洪,对生活在行蓄洪区里的居民来说,都意味着巨大的牺牲。为了保护淮河干堤和两岸城市工矿企业、交通动脉的安全，他们都不得不把自己的家园土地让给滔滔洪水。因此，沿淮地区的人往往没有建设家园以留传后代的长远观念，而注重个人享受、及时行乐，不思进取的思想在此地并不少见。

2. 淮河水污染

改革开放以来，沿淮地区工业迅速发展，企业排污增加较多，加上人口增长、城市规模扩大等因素，水污染成为淮河流域的突出问题。随着国民经济的快速增长，特别是乡镇企业的迅速发展，水污染事故频频发生。从20世纪90年代后，水污染危害已成为严重制约流域内国民经济发展的重要因素。根据实测，1993年全流域污废水排放总量为36.8亿吨/年，主要污染物质化学需氧量（COD）排放量为150.14万吨/年，已远远超出淮河的纳污能力。1993年国家环保局发表的《中国环境状况公报》指出："淮河流域水污染较重。枯水期水质污染严重，超标河段占82%。"淮河水质恶化加剧，给沿淮人民身体健康和经济社会发展带来了严重危害。

三　发展面临的问题

1. 造成耕地资源的严重流失

据有关专家研究，淮河与长江中下游、华北平原是我国农村居民点扩展造成耕地资源流失的主要地区。在快速城镇化发展的背景下，大量转移到城市的人口仍占有农村宅基地，农村居民点用地继续增加。

2. 农村整体面貌改变缓慢

村庄内部的空心性及其外部的广延性直接引起宅基地更大程度的分散，给公用基础设施建设带来极大困难；村内道路基本沿袭原来的道路系统，狭窄弯曲，进出艰难；村外新宅竞相抬高地基，使一些村内旧房成为雨后"蓄水池"；农村建房的规模、质量与投资逐渐提高，因而潜伏着两大问题：一是多年打工挣来的辛苦钱全扎在新房上，甚至形成新的债务，限制了农业生产性投资；二是由于规划缺位、选址随意，今天的新房难免空心化，可是再整治改造的成本将会成倍增长。

第二节 开发皖北的条件与机遇

一 皖北振兴迎来机遇

安徽省皖北地区包括宿州市、阜阳市、亳州市、淮北市全部和蚌埠市、淮南市的淮河以北地区，总面积 3.74 万平方公里，约占全省总面积的 28%。是传统上所指的皖北平原的核心区，在经济上属于我国中部"低谷"的中心。据统计，2005 年淮北地区耕地面积为 210.81 万平方公里，占全省耕地面积的 51.30%；人口约 2853.89 万，占全省总人口的 44.17%；粮食总产量占全省的 55.25%，国内生产总值约占全省的 29.39%。

近年来，安徽省委、省政府把加快皖北发展摆上战略位置，举全省之力支持皖北发展，这一地区的比较优势日益显现，内生动力和活力不断增强。但由于历史原因，皖北地区人口多、负担重,经济社会发展依然相对滞后,仍是安徽省区域发展的难点和重点。

2012年温家宝总理在《政府工作报告》中提出,促进区域经济协调发展,加大实施中部地区崛起战略的力度。2011年9月,国务院颁布实施指导意见支持河南省建设中原经济区,这是国家大力实施促进中部地区崛起战略的重大举措。安徽的淮北、淮南、宿州、阜阳、亳州、蚌埠均在中原经济区覆盖及辐射范围内,这为加快皖北振兴提供了难得的机遇。

皖北地区正处于工业化、城镇化加速推进的关键时期,已经具备"三化"协调发展的基础和条件。全国政协委员吴春梅建议将皖北地区设立为工业化、城镇化和农业现代化"三化"协调发展示范区,并列入国家编制的中原经济区规划,享受国家赋予中原经济区的先行先试权,探索建设工农城乡利益协调机制、土地节约集约利用机制和农村人口有序转移机制,积极构建城乡经济社会发展一体化新格局,为全国同类地区发展探索新路、积累经验。

二 开发皖北具备的条件

1. 淮河水灾治理成效

新中国成立以来,党和国家领导人十分重视和关心淮河治理。毛泽东四次对淮河救灾及治理作出批示,并于1951年发出了"一定要把淮河修好"的伟大号召;周恩来部署召开第一次治淮会议;刘少奇、朱德、邓小平等党和国家领导人也多次视察淮河。

1991年淮河大水,党和国家领导人江泽民、李鹏、朱镕基多次亲临现场视察,对淮河救灾和治理作出指示,国务院于1991年作出《国务院关于进一步治理淮河和太湖的决定》。几十年来,党中央、国务院始终把淮河治理放在重要位置,两次作出重大战略性决策,十次召开治淮会议,即使在"文化大革命"期间,淮河治理也没有间断。

2010 年,安徽省拟用 5 年投入 160 亿元用于新一轮淮河治理工程,主要内容为行蓄洪区调整和居民迁建、重点平原洼地治理、一般堤防加固及河道治理等。

经过 60 年的淮河治理,现在的淮河已经基本改变了过去三年两灾的状况,淮河上游防洪标准已经提高到 10 年一遇,中游提高到 100 年一遇,下游提高到超过 100 年一遇。如今淮河的年供水能力已达 823 亿立方米,年均灌溉面积增加到 1 亿亩。通过防洪除涝灌等治理工程累计增粮超过 6000 亿公斤。过去多灾多难、贫穷落后的淮河流域,每年向国家提供的商品粮占到了全国总量的四分之一,正在从昔日水患频发的"水口袋"日益转变成为中国的"米粮仓"。

2. 淮河治污取得成效

淮河流域是我国水资源短缺和水污染严重地区,党中央、国务院高度重视淮河水污染防治和水资源保护工作,将淮河列入国家"三河三湖"流域水污染治理的重点。水资源保护工作经历了水质保护、水功能区保护和河湖生态保护的发展历程。

1994 年,国务院召开淮河流域水污染防治执法检查现场会,拉开了淮河治污工程的序幕。经过近 20 年的努力,淮河污染物排放总量得到控制,支流污染程度有所减轻,生活污水处理率明显提高,群众饮水困难问题得到缓解。国家有关部门和豫、皖、鲁、苏沿淮四省认真落实党中央、国务院关于治理淮河污染的重要决策，先后建设了一批重点治污工程。淮河流域水污染防治"十五"计划确定建设的488个重点治污工程项目，已完成140项，在建180项。淮河治污初期，流域内没有一座城市污水处理厂，目前已建成56座。自1994年以来，全流域先于全国关闭、取缔了1111家小型化学制浆生产线和3876家"15小"企业。

淮河流域管理机构、省、市三级监测体系基本形成，建成29个水环境监测中心和分中心，实施监测项目100多项，全流域889个水功能区和1400多个重点入河排污口全部纳入监测范围。水质监测领域不断拓展，开展地下水、饮用水源地有毒有机物监测和河湖生态监测，为水资源保护提供了重要的技术支撑。2000年以来，工业污染源治理和城镇污水处理设施建设步伐不断加快，至2009年全流域已建成城镇污水处理厂253座，形成处理能力约965万吨/日，城镇污水集中处理率达到七成以上，全流域入河排污总量显著减少。据监测，2009年淮河流域主要污染物COD入河排放量为55.08万吨，比治污初期1995年的150万吨削减了63.3%；省界断面水质明显改善，2009年淮河流域省界断面水质为Ⅴ类和劣Ⅴ类的测次占44.2%，比1995年的75.3%下降了31.1%；流域内重大水污染事故明显减少，2005年以来淮河干流未发生重大水污染事故。

2010年10月，新中国治淮60周年纪念大会和淮河研究会第五届学术研讨会在安徽蚌埠举行。会上发布了关于淮河治污的最新数据。淮委等有关部门一直将解决淮河流域农村饮水安全问题作为改善民生的一项重要内容，编制了农村饮水安全工程建设规划，加强了农村饮用水水源地建设与管理，建立了多元化投入机制，完善了饮用水源地质量安全保障机制和饮用水水源保护区管理制度，启动实施饮水解困工程和饮水安全工程，极大地改善了农村居民饮水条件。到2009年，淮河流域已解决2089万人的饮水困难或安全问题，农村饮水工作取得明显成效。

全国人大、全国政协多次组织对淮河流域水污染防治进行监督检查。国务院先后三次召开淮河流域环保执法检查现场会，研究部署水污染防治工作。国务院有关部门采取多种措施支持和指导这项工作。沿淮四省加强了淮河流域水污染防治地方法规建设，加大执法力度。初步形成了地方各级党委领导、人大监督、政府负责、部门协作、环保机构统一监管、全社会共同参与的工作机制。新闻媒体积极报道淮河水污染防治工作，发挥了舆论监督作用。广大干部群众环保意识普遍增强，一个有利于淮河污染治理的社会氛围已经形成。

经过60年建设，淮河流域水资源配置格局逐步建立，江、淮、沂沭泗水资源跨流域调水体系初步形成，跨省、跨水系、跨流域水资源调配能力显著增强，基本满足了经济社会发展对水资源的需求。据中国省会经济圈蓝皮书课题组去淮南田家庵组稿，群众亲眼看到由于治理好了污染，多年绝迹的鱼儿又在淮河里自由地畅游。

第十章　钱庙乡村治理的经验和启示

近年来我国农村社会在经济、社会、文化等领域都发生了深刻的变化，农村社区建设进一步推进，传统的乡村管理模式渐渐地失去了效力，乡村治理的理念也正逐渐被引入农村社区建设中。乡村治理是一个多元主体共同参与、合作与博弈的一个过程，完善我国乡村治理的机制，提高治理的绩效，必须从我国农村社区发展的实际出发，多渠道有效地促进各主体的治理能力，完善和协调治理主体间的合作机制。

第一节　乡村治理的概念

关于乡村治理，不同的学者从多个角度进行了界定。一是强调乡村治理的主体。就目前的研究现状来看，大部分的学者比较赞同乡村治理是一个多元主体共同实施管理的过程，乡村社会是国家和社会共同作用的一个领域。党国英认为，乡村治理是以乡村政府为基础的国家机构和乡村其他权威机构给乡村社会提供公共产品的活动。乡村政府和乡村其他权威机构是乡村治理的主体。① 任艳妮认为，乡村治理是包括政府组织和乡村社会以及其他主体在内的一种多元主体围绕公共权力与资源有效配置展开的活动。② 房正宏认为，乡村治理场域，至少存在三方治理主体，即基层国家政权（乡镇政府）、地方精英、村民委员会（民众）。③

二是强调乡村治理的功能和目的，很多学者从功能作用的角度来界定乡村治理，认为乡村治理是实现乡村良好和谐秩序的管理目的重要路径选择。贺雪峰认为，乡村治理是指如何对中国的乡村进行管理，或中国乡村如何可以自主管理，从而实现乡村社会的有序发展。张春华认为，乡村社会治理就是要把农村利益最大化作为根本目的的一种乡村政治的良性发展模式。④ 郭正林认为，乡村治理就是各种不同性质的社会组织通过一定的制度机制共同把乡下的事务管理好。⑤

三是强调乡村治理的过程。王晶晶等认为，乡村治理是一个由国家和社会共同作用而形成的公共权威实现对乡村社会调控和治理的动态过程。⑥ 游祥斌认为，乡村治理是通过培育具有自治治理性质的乡村社团组织，发掘传统乡村社会的文化资源，将制度创新与

---

① 党国英：《我国乡村治理改革回顾与展望》，《社会科学战线》2008年第12期。
② 任艳妮：《多元化乡村治理主体的治理资源优化配置研究》，《西北农林科技大学学报》（社会科学版）2012年第3期。
③ 房正宏：《乡村治理：精英与政府间的博弈》，《学术界》2011年第11期。
④ 张春华：《农民非制度化政治参与与乡村治理》，《学术界》2012年第2期。
⑤ 张厚安、徐勇：《中国农村村级治理》，华中师范大学出版社，2000，第8页。
⑥ 鲁礼新：《1978年以来我国农业补贴政策的阶段性变动及效果评价》，《改革与战略》2007年第11期。

本土资源的发掘结合起来的一种管理模式。① 吴毅认为，乡村治理的含义包含着国家权力和农村社区公共权力在乡村地域中的配置、运作、互动及其变化。②

综合以上学者对于乡村治理概念的界定，笔者认为，按照2012年12月31日《中共中央国务院关于加快发展现代农业进一步增强农村发展活力的若干意见》中指出的"完善乡村治理机制，切实加强以党组织为核心的农村基层组织建设"，乡村治理是基于乡村各种资源的基础上，以党组织为核心由党组织与村民自治组织等相结合的多元主体参与、合作，共同实施对乡村社会的管理，促进公共资源有效配置，从而实现乡村社会有序发展的过程。目前我国政权组织共有五个治理层次，自上而下分别是中央、省（直辖市）、市（地区）、县和乡镇。乡村治理是国家政权和村民自治共同作用的场域，因此，乡村治理的权力来源、运行规则和治理方式都应该充分尊重这一特点，正确理顺政府、社会组织和农民三者之间的关系。

第二节　目前我国乡村治理存在的问题

全面取消农业税后，随着村民自治制度的推进和农村公共服务体系的完善，我国乡村治理发展进入一个新的阶段，但是治理模式的嬗变还面临着一系列亟须解决的问题，这些治理问题的存在已经使乡村治理陷入了困境。

---

① 游祥斌：《试论我国农村新型治理结构的重构》，《中国行政管理》2012年第1期。
② 侯石安：《财政对农业的补贴政策研究》，《财政研究》2000年第3期。

一 治理主体的缺位影响现代乡村治理模式的构建

乡村治理是国家权力和乡村社会共同作用的场域，乡村治理绩效的提升和治理目标的达成，必须依赖政府组织、乡村社会组织以及农民个体的制度化的参与和合作。就目前我国乡村治理的模式来看，政府组织自身的制度建设、乡村社会组织的发展和完善以及农民个体的素质提升都与现代乡村治理不完全符合，而乡村治理主体能力的培养将是一个长期的历史过程。

对于乡村的政府组织而言，乡镇是国家机构作用于乡村社会的基层治理机构，在乡村治理中发挥着制度化保障的重要作用。但是目前一些基层乡镇的权力垄断、寻租现象比较普遍的存在。在乡镇治理成本方面，也存在治理成本偏高、人员过多、效率低下等问题。乡村治理的法治化方面，公共权力行使和规范等方面也存在一系列的问题，治理的主体的决策和权力实施过程中缺少必要有效的监督也造成治理的目标难以实现，农村社区发展较慢。

对于乡村各类社会组织而言，乡村社会组织作为第三部门是行政组织重要的合作伙伴，在乡村治理中发挥着十分重要的作用。但是目前我国农村出现的各类社会组织由于自身组织建设的不完善性，影响了其对乡村治理的有效参与。同时目前很多的农村社会组织多为经济协会，并没有把乡村治理作为组织目标，因而也缺乏相应的参与手段。

对于农民个体而言，农民个体的力量相对于政府行政机构以及社会组织显得非常薄弱，农民的主体意识需要长期的培养。农民自身"原子化"的特征也决定了其参与乡村治理的有限性。一方面，大部分青壮年农民外流，留守农民的整体素质受到了很大的影响，"半城市化"对中国乡村民主产生了严峻的挑战；① 另一方面农民自身的参与意识较弱，对自身的各项民主权力的诉求不强烈。这些农民自身的局限性都严重影响了农民个体参与乡村治理渠道的畅通，事实上，大部分的农民个体都未能有效地参与到乡村治理的合作与博弈中。

二 治理资源的匮乏束缚了乡村治理的有效展开

乡村治理是基于一定的乡村资源基础上展开，不同的乡村资源决定了乡村治理模式的差异性，乡村治理绩效的提升也有赖于较为丰富的治理资源。乡村资源有经济资源、文化资源、政治资源和社会资源等方面，在政治资源方面，乡村治理的政策性、法律性等制度需要因地制宜地进一步完善。在文化资源方面，传统的乡风民俗在治理方面的约束性不断减弱，新型的村规民约在村庄的内化需要一个较为长期的过程。在经济资源方面，很多乡村的集体经济较弱，甚至负债亏损严重。资源的匮乏影响了乡村治理措施的实施以及目标的达成。在社会资源方面，各类乡村社会组织虽然有了发展的迹象，但是数量不多、整体素质不高都严重影响了乡村治理多元主体的有效合作和乡村民主的发展进程。

三 非制度化行为的负面影响延缓了乡村治理的成功转型

非制度化政治参与是一种无序的政治参与，是普通公民通过

---

① 熊易寒：《半城市化对中国乡村民主的挑战》，《华中师范大学学报》（人文社会科学版）2010年第1期，第28页。

非正当或非法的方式参与政治生活的行为。① 农民的非制度行为对我国乡村治理产生了负面的影响，当前社会转型时期，越级上访，群体申诉、直接对抗等大量农民非制度化政治参与，严重破坏现行的乡村治理的绩效。② 在我国很多农村地区，家族势力对乡村治理的非制度化的参与，对乡村民主化进程产生了消极的影响。现代的乡村治理模式与传统的宗族管理有着根本的区别，虽然现代乡村治理可以合理有效地利用传统文化的约束作用，但是这与宗族势力和人情关系网络完全不同，较大的农村宗族势力不利于现代乡村治理模式的构建。同时大量的越级上访和暴力对抗也与乡村治理不和谐。这些非法、激进、暴力的参与方式严重破坏了乡村治理的民主性要求，其负面影响延缓了乡村治理的现代化转型。

四　多元治理主体的互动冲突阻碍了乡村治理绩效的提升

乡村治理的多元主体的合作机制尚不完善，主体间的冲突多于合作也影响了现代乡村治理模式的建构。在政府行政机构与社会组织之间，由于组织原则的差异性、合作的不确定性，以及社会组织自身定位及管理上的缺陷③，两者之间的冲突不可避免。对于农民个体而言，由于主体意识以及个体能力的限制也无力与基层政府机构以及农村社会组织抗衡，乡村治理主体之间制衡的模式不能达到

---

① 张春华：《农民非制度化政治参与与乡村治理》，《学术界》2012年第2期，第48页。
② 刘勇：《社会转型时期农民非制度化政治参与和乡村治理困境》，《福建论坛》2010年第5期，第141~146页。
③ 黄波：《非政府组织与乡村政权的合作冲突与协调》，《东方论坛》2004年第7期，第13~14页。

平衡，农民个体往往成为冲突和谈判的最大牺牲者，乡村治理发展农民的目标也就很难达成。

第三节 钱庙乡村治理的经验

由于治理制度和机制的不完善，我国目前的乡村治理的绩效提升还存在一系列的障碍。钱庙的社区建设和乡村治理从整合乡村治理资源的角度入手，以乡村精英为带动，以乡村工业化为动力资源，以农民组织为主要依托的乡村治理模式为我国乡村治理提供了颇有价值的经验和启示。

一 人力资源：乡村精英参与乡村政治

改革开放以来，农村经济拥有了加速发展的制度环境，乡村"能人"大批涌现。大量的乡村"能人"主要是市场经济的参与和竞争中的赢家，他们凭借制度和个人能力抢先掌握了相对较多的经济资源，成为农民眼中的经济"能人"和先富起来的那一部分人。先富起来之后就会被期望去带动更多的家乡人致富，乡村精英带动全村致富就成为乡村发展的重要选择。乡村精英对全村的带动，不仅表现在他们成为乡村经济发展的带动者，同时他们也会广泛地参与到乡村的管理中去，成为乡村政治舞台上活跃的那一群人。乡村精英参与到乡村政治和乡村管理中去，给乡村治理带来了新的思想和新的活力，为乡村治理提供了重要的人力资源。

钱庙村是典型的也是比较成功的乡村精英带动型的乡村治理模式。在钱庙这个乡村的舞台上，最耀眼的明星精英莫过于钱庙党总支第一书记——刘利。刘利从一个乡村企业家和经济发展带头人成长为一个现代乡村治理带动者。在经济领域的成功为刘利参与乡村管理准备了较为充分的条件。2006年刘利开始担任钱庙村党总支第一书记,开始正式参与到钱庙的乡村治理中。作为基层党组织的领导者,刘利从发展乡镇企业、社区治理、建立农民组织等方面全面促进乡村治理的现代化转型。

课题组访谈刘利书记

从钱庙的经验我们可以看到,刘利从一个乡村的经济精英成长为一个政治精英,他的成长历程也是钱庙乡村治理模式的转变历程。乡村精英由于自身的成就以及经验在农民中具有较高的认同感,因而他们对于组织和发动群体具有较强的号召力,比较容易凝聚群众共同参与到乡村治理中去,为了共同的目标实现有效率的合作。同时,大部分的乡村精英都有外出工作和管理乡镇企业的经历，他们较为丰富的经验和较强的个人能力有助于推动乡村治理模式的优化。

二 组织资源：农民组织的建立和发展

现代的比较优化的乡村治理模式应该以社会组织作为主要依托，只有有效而广泛地依托社会组织的乡村治理模式才是比较成功和成熟的治理模式，乡村治理模式的发展方向也是应该实现从组织农民到农民组织的转变。

从钱庙发展的经验来看，精英带动让乡村治理模式有了一个良好的开端，但是长期有效的乡村治理并不能围绕乡村精英展开，精英带动向农民组织推动的转变是钱庙经验的成功之处。

刘利上任以来非常注重建立和培育各种农民组织，把"原子化"的农民都组织到各类农民组织中去，由农民组织来组织、服务和发动农民。钱庙的农民组织包括服务、经济类等多种类型的组织。钱庙理事会是非常有特色的农民组织，钱庙理事会主要由村里的老干部、老党员和村里有威望的老人组成，主要负责村民的纠纷调解事务。实践证明，钱庙理事会制度发展的非常成功，为钱庙的社区发展和稳定发挥和积极的作用，减少了非制度化行为对乡村治理带来的负面影响。钱庙经济发展理事会形成了完整的理事会章程，经济发展理事会主要以促进村经济发展和农民增收为主要目标。钱庙村还成立了农业合作社，主要为钱庙村的农业发展服务。为了让村民享受集体经济带来的实惠，规避单个农民应对市场经济带来的风险，钱庙成立了凤台县钱庙乡钱庙村民悦农作物病虫害机防专业合作社。合作社主要担任为农民集体谈判的角色，在采购化肥、种子等方面实惠于民。合作社成立以来对农业发展和农民增收产生了重要的作用，既利市了土地效益，又减少了农业的成本。

从钱庙农民组织的发展看来，农民组织以治理主体的角色在乡村治理中承担非常重要的功能。虽然农民组织的发展还有待于进一步提升，但是以发展农民组织来完善乡村治理的路径给乡村治理的发展指明了方向。

三 经济资源：乡村工业化奠定经济基础

乡村治理必须依托乡村本身的经济资源、政治资源、文化资源和社会资源，合理利用、整合和开发乡村资源，才能为乡村治理奠定坚实的基础。乡村治理所依托的经济资源大都依托乡镇企业带来的集体经济的发展，实践证明，集体经济发展较好的乡村，其乡村治理的活力也相对较大，农民参与乡村治理的积极性也相对较高。

钱庙村作为淮河岸边的一个普通的小乡村，乡镇企业的发展却如火如荼，集体经济的日益强大给农民带来了较大的实惠。在村两委的带领下，全村的干部群众都把发展集体经济作为乡村发展的重要目标。钱庙村先后创办了矿山机械配件厂、新型墙体材料厂、实在商场、建筑公司等集体企业，年总产值超过4000万元。村集体年分配收入达300余万元，企业为村民提供了劳动就业岗位400多个，村民从企业中获得收入（劳动报酬及分红）总额560万元。乡镇企业的快速发展给百姓带来了实惠，增强了他们对乡村发展的信心，同时乡村治理也逐渐具备了坚实的物质基础。

在集体经济发展的同时，村两委开始大刀阔斧地进行乡村治理。治理"空心村"、治理洼地、治理岗地、修建道路等基础设施工程逐步展开，钱庙建设得越来越漂亮。在基础设施建设的同时，钱庙村在便民服务、文化活动、旅游娱乐的开发和建设方面作出了大量有益的尝试，钱庙的村民生活得越来越幸福。乡村治理的顺利开展与集体经济带来的效益密不可分。

从钱庙乡镇企业的发展来看，钱庙的乡村治理是在集体经济快速发展的基础上展开的，集体经济的发展为百姓带来了实惠，也为乡村治理注入了动力和信心。通过乡村工业化让乡村富起来，通过乡村治理让乡村美起来，没有乡镇企业的发展，就没有乡村治理的强大动力。发展乡镇企业是乡村治理寻求经济资源的重要路径。

第四节 钱庙经验的启示：完善我国乡村治理机制的对策

我国农村社区建设需要对农村社区的管理体制和运行机制进行创新，逐步完善以村民自治为基础、多元主体共同参与、促进公共资源有效配置的农村乡村治理机制。我国乡村治理建构存在的主要障碍在于多元主体的自身完善以及主体间的合作机制的建立，从钱庙乡村治理的经验和启示来看，完善乡村治理机制必须从以下几个方面着手。

一 加强乡村治理机制研究，借鉴国外农村社区建设和乡村治理的成功经验

西方发达国家和韩国等后发现代化国家和地区在农村社区建设的过程中，既注重调动社区内部的力量，充分发挥农民个体以及各

种农民组织的积极作用，又积极通过政府的政策引导和财政投入扶持农业和农村社区的发展；既显著改善了农民的生活状况、缓解了城乡发展的不均衡，又在一定程度上激发了农民的民主意识，提升了农民的参政能力。其通过多元治理主体良性互动而形成的农村社区治理经验值得我们借鉴。

二 加快基层政府服务型政府的改革，不断提升基层政府服务农村的意识和能力

乡镇政府是乡村治理的重要主体之一，在乡村治理中起制度性和导向性的作用。基层政府机构要以实现农村社区和谐为目的，构建城乡统筹的基层党建新格局，实现行政管理和社区自我管理有效衔接、政府依法行政和村民依法自治良性互动，完善民主管理制度。同时着手解决农村公共服务严重滞后问题，加快城市基础设施向农村延伸，城市公共服务向农村覆盖，城市现代文明向农村辐射，把农村社区建设成为少有所学、老有所养、病有所医、弱有所助、贫有所济的居住区。

三 培育农村社会组织，不断完善社会组织自身的制度建设

社会组织作为农村社会的一个重要的民主力量，参与乡村治理有利于推进乡村的民主化进程。大力发展和规范农村社会组织的发展，拓宽社会组织参与公共事务管理的渠道，提高社会组织对乡镇治理的参与度。一方面，各类农村社会组织要不断加强自身的制度完善和创新，提升参与乡村治理的意识，为有效参与乡村治理提供保障；另一方面，要注重健全和完善农村社会组织发

展的相关政策和法律,为农村社会组织和基层政府合作提供法律保障。

四 注重培育新型农民,提升农民参与乡村治理和社区建设的意愿和能力

现代乡村治理以培育农民、发展农村为重要目标,因此要顺应农民群众追求更高生活质量的意愿,改善农村生产生活条件,提高农民素质,促进农民对乡村治理的有效参与。乡村治理还应该充分尊重农民社区建设的意愿。不同发展水平的农村社区,农民对社区建设的意愿呈现出差异性。农村社区的发展水平与农民建设社区的意愿存在的关联性,要求社区建设从农民最关心的愿望出发,形成良性互动,逐步推进社区建设。

附录1　刘利日记选摘

刘利书记工作之余，总要抽时间记下一些事、记下一些人、记下一些体会，他的日记的特点是简要，有时就是自己体会的一句话，有时就是悟出来的一点思想，有时就是找出来的一点差距。

(1) 干部就是要干。

领导人："喊破嗓子不如作出好样子"。

领导人要有眼光，有胸怀。

最穷的人要了解，最富的人也要了解。

处于公心的干部才是好干部。

公心压倒私心，集体大于个体。

少想自己就简单，出于公心就简单。

处理好党委内部关系。严格要求自己。

干部一律不拿双工资。

干部的责任就是要先富带后富。农民富了，干部也就不会穷。

人生的价值不在于价值,而在于人生的奉献,只要有时间就要为群众作点贡献,这就是人的价值,这就是意义。成就的取得也是要付出代价的,有时候也是生命的代价。工作是干出来的,吃是吃不出来的。做出的贡献就是要造福一方。

干部就是为群众办事的公仆,就是为群众挡事的墙,是群众遮风挡雨的伞,是群众的主心骨。

干部的好坏就看他怎样对待群众,怎样对待组织。

作为最基层的农村干部,就是与群众打交道,就是要服务于群众,就是要忠诚于群众,有了这两点思想,我们的工作就好干多了。

严管村干部三条红线:不贪污、不受贿;不接收业务单位和当事人的吃请;中午不饮酒。如有违背,坚决撤职。

参股经营利益共享,干部应做到:群众的利益由集体承担,集体的利益由干部承担,干部的利益由自己承担,农村富裕,一靠思想,二靠集体经济。

宽一分,则民多受一分赐,取一分,则官不值一文钱。

(2) 党员要求。

我们共产党人,是为人民服务的,不是为了官、名或得到上面给的一些有价值的东西。

党员的四个一活动:每月每个党员做一件好事,每月每个党员最少捐一元钱,每个党员向支部提一条意见,每个支部每月慰问一次特困户和看望一次五保老人。

(3) 发展要素。

学华西现在不晚,观钱庙真正有望。

不怕起点低,就怕不攀爬。

发展之根就是靠民主和和谐。

大发展，小困难；小发展，大困难；不发展，最困难。

两手抓：一手抓改革开放，一手抓打击犯罪；一手抓经济建设，一手抓民主法治；一手抓物质文明，一手抓精神文明。

民主是企业的最大财富，和谐是企业的最大动力。

"五老"人员：老党员、老干部、老模范、老教师、老长辈，发展经济需要"五老"人员。

人民群众富了，就是社会主义。

（4）人生感悟。

清白传家，淡泊明志。

和善待人，宽容处人。

求同存异，共铸和谐。

自知者英，自胜者雄。

物以心移，静由心造。

生活简单朴素，才能显示出自己的志趣。

欲高门第需为善，要好儿孙必读书。行善向善，门第自高。求得前程，只在读书。善欲人见，不是真善，恶恐人知，便是大恶。

我宁愿忘掉亏欠自己的，也不愿忘记亏欠别人的。

只要坚持艰苦奋斗，你的人生就会辉煌，你的名字就能留在人们的心中，留在史册。

这个世界不是吃出来的，这个世界是创造出来的。力量产自信心，有信心才能产生力量。

决心就是力量，信心就是成功，灰心就是衰弱，死心就是失败。

紧张的工作就是处理事情的代名词，没有工作，活着也就没有意义。

在非常时刻能坚持工作下去的人，才算是真正的汉子。用劳动创造自己。

这段携手走过的岁月，虽然有风有雨，有欢笑有悲伤，但共度的时光，总是最美的记忆。

生命中只因为有了这段艰难的创业，才显得更加辉煌。

识大体，顾大局，舍己为公，舍小顾大，做到这几点，就能搞好事业，为职工、为百姓创造利益，创造财富，增加了自身价值。

我对时间的认识：秒钟的动，就等于人生的脚步，分针的动就等于人生一天的行程，时针的动就等于人的年龄，一刻一时一天一年的往上增长，一圈圈的计算，计算人生的价值，计算生命的价值。

附录2 "中国百村经济社会调查"第四次工作会议（浙江温州）纪要

继2009年11月8~10日，中国农村发展模式研讨会暨百村调查第三次工作会议在安徽省黄山市休宁县凤湖烟柳度假酒店召开后，2012年6月5~7日，中国百村经济社会调查第四次工作会议在浙江省温州市中共温州市委党校召开。出席会议的有中国百村经济社会调查总课题负责人、著名社会学家、中国社会科学院荣誉学部委员陆学艺，中国社会学会秘书长、社会科学文献出版社社长谢寿光，温州市委党校常务副校长张纯芳，温州市委党校副校长胡瑞怀及来自北京、天津、河北、江苏、浙江、湖南、山东、安徽、河南、贵州、广西、江西、青海、辽宁、甘肃、黑龙江等全国各地的社会科学院、高校、党校的中国百村经济社会调查分课题组负责人近70人参加了会议，社会科学文献出版社皮书出版中心主任邓泳红也出席了会议。本次研讨会由中国社会科学院社会学所、"中国百村经济社会调查"总课题组、中国社会科学院社会科学文献出版社主办,中共温州市委党校、温州行政学院承办。

一 会议主题

继1998年"中国百村经济社会调查"被列为国家社科基金重点项目,国家新闻出版总署同时将该课题列为"十五"国家重点图书项目。2009年2月13日,全国哲学社会科学规划办公室又下达文件同意该项目延至2011年12月完成。此次会议主要是各个调查点负责人报告课题进展情况,总课题组介绍了已出版的13本书,分别为《和谐渔村》《北大荒的小康村》《侨村蒜岭的变迁》《沧桑小镇黑井村》《关东红果第一村》《神州第一组》《古泽云梦城边村》《融入草原的村落》《屯堡乡民社会》《大别山口的美丽家园》《魅力盐铺》《城市化中的石牌村》《辽河岸畔锡伯村》,同时各个课题组也通报了下一步的课题规划。

二 会议内容

1. 研讨与工作部署

中国百村经济社会调查总课题负责人、著名社会学家、中国社会科学院荣誉学部委员陆学艺在会上指出,我们一定要学会科学地分析形势,学会准确判断形势。社会建设已经提出来8年了,关于"社会建设建什么,怎么建,谁来建"这类文章已经很多。但现在我们的大学相当一部分老师还要摆弄那些洋玩意,专门搞国外的研究，社会学也一样，把明白的事情说糊涂了，简单的事情说复杂了。现在形势真的需要社会学，无论是搞百村调查也好，还是社会建设、社会管理的研究，现在中国社会的矛盾归纳起来就是经济和社会，经济结构和社会结构不协调，经济这条腿长，社会这条腿短。现在我们的经济已经到一定阶段，下一步我国的战略重点是社会建设，要做战略转移，不要老搞GDP，这就要涉及农村的社会发展、农村的社会建设、农村的社会管理、农村的社会组织等。百村调查做到现在可以总结点东西了，中国道路、中国经验、中国模式、一个村也是一个模式。

百县和百村两项工作都是国家立项的。将来做调查的时候要坚持"真实、准确、全面、深刻"，发现问题，矫正历史，证实历史。具体需要注意以下几点。

（1）要选好点，不要选一般的，最好的也行，最差的也行，总得有点特点，有典型，这样做完才有社会影响，这对一个地方的发展也有很大作用。再调查的过程中我们要分析一个村是怎样从农业村变为工业村，农村变成城市。现在的村子有三种类型，一种是原来是农业现在还在搞农业，陆老师觉得这种类型还是不少的，主要是搞农业，虽然现在的农业机械化达到52%，但农业还要向现代化前行。二是联谊村，既搞农业也搞工业，或者说相当于一部分人出去搞农业了，还有一种是更加健康了，像温州的陈岙村，工业化、城市化的城，可以建成社区了。社会主义小康社会就是这样，如果全国农民都住上别墅了，那社会主义就建设得差不多了。

（2）选点，课题组的领导一定要亲自去看，去定，选完点后自己带头去干几年，我们自己去做，去观察，课题组要选能干事的人去干，调查的过程也是培养人的过程，书出来了人，也培养出来了。

（3）百村不要求和百县调查一样，具体的文章和问卷，总课题组提供一个参考，调查完了后根据现在的需要，根据你自己的学术观点，我们是按照学术著作来判断，你的水平体现在你的学术上，你要能够出版一些能留得下来，传得下去的这种书，时间不限。写作的时候字数不限，一定要符合时代的要求，哪怕是及时记载一些有价值的东西。

如果我们做了100个村的调查，你确实可以通过一个村的调查来反映我们30年的变迁。中国的发展为什么这么快、这么好，中国终于翻身了，症结在农村，所以解剖一个村、解剖一个乡、解剖一个县把道理说清楚就可以了，转型过程中我们提出怎么转得好一点，社会太平一点，这本书的作用就起了。通过我们写书，可以反映中国农村社会的变迁，中国的变迁可以说是农村社会的变迁，农村变成现代化，农民走向现代化，中国就现代化了。

中国社会学会秘书长、社会科学文献出版社社长谢寿光在研讨会上也做了重要讲话。

（1）他首先介绍百村调查项目现在的状况。到目前为止，社会科学文献出版社总共出了13个村，13本书，还有一部书稿已经在出版社出了，估计到今年年底能出20本。很多书出版后产生了它的价值，逐渐被学界认同，在国内外产生了影响。百村的研究起步比较早，用社会学、人类学的方法，有它的独特价值，与长期做相关研究人类学方法有所不同。通过百村调查这个项目，带动了许多以乡村研究为主的项目。其他的包括研究机构和出版单位，包括每一年社科基金评审的项目里，涉及相关研究的数量非常大。所以下一步就是考虑如何把这个项目持续做下去，把百村调查为社会科学研究的一个永恒性的研究课题和项目，可以不断地做下去。

（2）提出了百村调查在当下的现实意义和学术意义。他认为当下研究者至少是社会学研究者有四种使命或担当。①无论是转型社会学，还是转型经济学，这个转型理论的构建，是当下社会学研究者的第一个使命。这也是中国的学术走向世界的一个最重要的或最有魄力的一个方面。②要对当下的现实问题，拿出方案或解决办法，对那些极度迫切需要解决的问题要做深入的研究和探讨。因为中国成为第二大经济体，要面对下一步的转型，整个的性质都变了，面对这种复杂的世界，社会科学研究者的地位和作用或者这个社会对社会科学的需求，历史上从来没有现在这么迫切。如果说你现在还在说社会科学得不到重视，那不是这个社会的问题，也不是政府的问题，而是你研究者自身的问题，因为你拿不出东西。国家社科基金，陆老师是主要的评审专家，今年一般课题都给15万元，重点课题给25万元。现在大量的没有质量的东西，平庸资质充斥，这是必须要考虑的问题。按照国家的规划，到"十二五"末期国家社科基金的总投入是20亿元，现在是12亿~13亿元，国家社科基金的资助方向变了，开始资助平台，中国社会科学院大概有13个刊物已经得到国家社科基金的一定的支持，准备在全国建立20个国家社科实验室，每个实验室都是以千万元投入计的，像自然科学一样，从原来一个一个做项目，到现在要做基地、做平台。因此当下应对社会问题做深入的研究。③是当一个社会变迁的记录者，把它记录下来，因为这个时代消失得太快。你用文字、图片甚至用声音把它记录下来，这个资料都会极其珍贵。有些人为什么能够成为大家，主要是他拥有资料，他占有那个资料，所以我们现在做的很多事是为以后的研究者、为当下的研究者提供多方面的材料。④社会学是经世致用的学科，你要作为行动者和参与者。

乡村研究的这四种担当都可以融入在一起。因为我们今天在探讨中国奇迹的时候，很多研究者是都是从宏大的方面，如中国道路、中国模式来研究，西方的学者，现在这几年国内学者的研究视角发生了变化，他们往往从细的层面，从一个村庄看整个中国到底发生了什么，来破解中国发展之谜。今天百村调查按原来的设计是为了记录下有代表性的，发达的、不发达的，后来我和陆老师提出一条典型性，只要它有学术价值、现实的价值你就做。这个项目我觉得可以持续地做下去。老的学者，像陆老师这样的学术大家，今天仍在领导我们在不断的耕耘，应该吸引研究生，让年轻的学者深入下去，参与调查下去，这为我们中国道路提供了有益的启示，为当下正在进行的社会转型，你从这个村庄里面会发现非常多的社会矛盾和社会问题都发源于中国社会最基层的细胞，所以几百本都可以做下去，只要是有价值的，按照我们这种方法往前推进的。

我们从政府、组织里获得经费的支持，如海洋已经成为社会科学研究领域中最热门的研究项目，涉及的海洋项目，中国社科院创新工程也把它放进去了，国家社科基金也表示了极大的兴趣。现在做项目我们先要找到钱，不像以前做得那么辛苦，经费到手后我就会部署这个事情。所以这是一个关于乡村研究的目标，包括边疆省份，原来的像西南工程、新疆工程，很多都是涉及乡村的研究。这个项目我们不仅仅是记录者和研究者，将来还可以是行动者。这两年我们和台湾的学者在做社区营造乡村重建,特别是"921"大地震后,他们创造了很多有价值的项目,我们在做相关的比较研究,有些村庄可以做一些乡村旅游的项目,会吸纳一些投资者来做,我们也在推进这件事,在百村调查中可将这些整合进去,发现一些好的东西可以给当地的再造和新农村的建设,学者可以直接参与进去,所以这个研究的当下意义是很重大的。

(3)就如何推进百村调查这个研究,他提出了三个问题:①这个课题如何能够得到政府和有关方面的更进一步的、更大的支持,是整体做,还是分开做,然后通过出版把它们整合在一起;②如何使百村调查成为联合全国各个调查组的,形成一个好的班子,成为一个常态化的有序的推进;③能不能把研究和基地建设结合起来,做成数据库。有研究成果出书,没有研究成果做成数据库。

中国社会科学院社会学所张厚义研究员在发言中指出,我是作为一个读者,一个成果的享受者,认为在编写书籍的时候不仅是写在当代的历史,更要注意历史的真实性和源头。30多年来中国有两件大事:一是包干到户,一是私营经济。任何一件事都不是偶然的,在中国每件事如果没有党的领导和支持是不行的。所以对这两件的描述要注重它的历史源头,不能误导读者。百村调查中对于各村情况的分析和研究,就要注重各村的历史源头,向读者展示最真实的一面。

中国社会科学院社会学所王春光研究员在讲话中指出,通过研讨会的方式是一个很好的交流平台。但以课题组的方式把大家召集起来是不是还比较松散,如果成立一个百村调查研究协会,这个组织是不是更具有持久性,不因为课题结束,我们这个队伍合作就结束了，我们这个队伍可能世代延续下去，我们要培养新的合作队伍，因为百村研究是一个永无止境的研究，希望大家考虑考虑。

安徽省社会科学院研究员、安徽百村经济社会调查课题负责人王开玉研究员在研讨会上介绍了"中国百村经济社会调查"安徽课题的进展情况。他指出目前安徽已经出版了两本书，《大别山口的美丽家园》（2008 年）、《魅力盐铺》（2010 年），第三本书的书稿也正在修改。

王开玉讲到中国百村经济社会调查，在安徽乡村备受关注，霍山县的落儿岭、休宁县的盐铺、凤台县的钱庙都由课题组负责人和县委书记束学龙、胡宁、姚多咏担任课题组长，在课题的调研和完成的过程中，不仅对村、对整个县甚至地区的经济社会建设都产生了广泛的影响。陆老师讲到社会建设天下太平，这就是我们第三个村凤台县钱庙村的主题。谢社长讲到社会转型，钱庙村正是在由农业向工业转型、农村向城镇化转型、传统社会向现代社会转型的过程中把一个原来 50% 以上的村民都在上访的村初步转变成现在民生有保障、社会有秩序、公平正义、和谐幸福、生态良好的乡村。

在会上发言的还有贵州民族学院孙兆霞教授、贵州安顺学院科研处吕燕平副处长、青海省社会科学院苏海红副院长、甘肃社会科学院魏胜文副院长、常州市委党校陈国辅等分别介绍了各地百村调查点的进展情况，介绍调查中的经验和遇到的问题，以及下一步的工作计划安排。

2. 学习了温州市的经济社会发展

温州市委党校常务副校长张纯芳介绍了温州市的市情和温州市委党校的情况，概括出了温州市的四大特点：一是充满活力的创新之城。温州人敢为人先，特别能创业，改革开放以来一直坚持改革的路线，大力发展民营经济，创造了举世瞩目的温州模式。温州成为中国民营经济的发源地、风向标，培育了服装、鞋革等特色的优势产业，也积累了丰富的民间资本。近几年，特别是2011年以来，温州也紧紧抓住国家级的战略，海盐经济战略、海期区战略、全国城乡统筹综合改革实验区，和最近的金融改革实验区，温州抓住这4个国家级的战略，也进行大发展、大改革、大建设，特别是温州金融改革实验区，该试验区自国务院2012年3月28日批准后，对温州未来的发展带来了新的活力和新的机遇。第二个特色是温州是座商行天下的开放之城。温州的商业氛围比较浓厚，230多万温州人遍布全球各地，160多万遍布全国各地，近65万在海外打拼，可以说在全世界各地都有温州人创业的身影。温州人不仅商行天下，而且善行天下，积极投身全国各地的社会建设，积极做慈善事业回报社会，创造了世界温州人，特别是"温商"这个比较好的品牌。第三个特点是温州是一个环境秀美的文化之城。温州是"温和之州"，气候宜人，山环海绕，城在海中，山在城中，既是一个港口城市，又是一个山海城市，风景秀丽。第四个特点是温州是一个商生融合的幸福之城。这也是本届市委市政府提出的温州新时期发展的战略重点。温州生态环境比较优美，生产方式多样化，生活方式比较时尚。在新的发展时期，温州坚持公共服务为取向，推进政府改革，建设公共、清廉、高效的公共服务型政府，以城乡统筹为途径，推进社会转型，建设生态型、国际化的大都市，以优化发展环境为载体，推进经济转型，建设现代产业体系，完善区域经济体制改革，以先进的文化为引领，共建生态文明的幸福家园，提升区域的竞争力。本届市委书记改革的力度很多，城乡统筹方面提出了三公三改，把温州的社会建设进行了大的区域功能区的调整，把原来乡镇、村居进行了大拆并，在城间进行了社区建设的试点。中国百村经济社会调查总课题组，启动温州市委党校承接了瑞安市陈岙村的百村调查的点，这个点也是城乡统筹基地的一个挂牌点，已派老师在2年的时间内跟踪调查，这次必将进一步总结温州农村改革的成果经验，为推动当地经济社会发展做出积极的贡献，为温州市委党校提供一个难得的学习机会，为我们提供新的思路，对温州市委党校的转型发展起到积极的推动作用。

出席会议的全体代表一致表示通过参观，学习温州新的改革开放的经验，特别感谢温州市委党校对第四次中国百村经济社会调查会议的支持。

后记

中国百村经济社会调查十五年的回眸

陆学艺先生主持的国家社科基金重点项目"中国百村经济社会调查"1998年启动以来,已有15的历史,安徽已完成了三项、三个村即霍山县落儿岭村、休宁县盐铺村、凤台县钱庙村的调查。出版了三本书:《大别山口的美丽家园》(落儿岭村)、《魅力盐铺》(盐铺村)、《发现钱庙》(钱庙村)。

我们课题组一直把中国百村经济社会调查当做中国农村的发展史、变迁史和社会思想史来写的,并把它作为研究中国农村社会的长期联系点。同时作为我们研究和践行陆学艺先生"三农"学术思想的一个平台。

一

改革开放以来,安徽的包干到户、农村税费改革、农村综合服务体系建设都走在全国前列,这些改革都是从村开始的。陆学艺先生经常来安徽考察,中国第一篇关于农业经营大包干的文章是他写出的,现在还陈列在合肥市肥西县小井庄的陈列馆里,所以研究中国的农村改革不能不研究安徽的农村。

陆学艺先生长期带着我们在农村研究,我担任安徽省社会科学院社会学所所长十五年期间,他几乎年年都来安徽农村考察。我们所成立十周年的时候,陆学艺先生给我们的题字是:"调查研究,真知社情民意;出谋划策,诚心为国家当好参谋—祝贺安徽省社会科学院社会学所建所十周年陆学艺 2003 年 1 月 28 日"。我们在课题研究中遵循着"真知社情民意",踏踏实实、认认真真,三个村每个村都作出了三百份以上的问卷,三百份以上的访谈,培养了一支社会学的骨干队伍。

近年来,陆学艺先生在指导我们进行百村调查和农村研究中,非常关注社会建设。陆老师 2012 年 7 月 15 日给我们的题字是:"右手抓经济建设,左手抓社会建设,优先民生事业,保障社会太平",我们在基层调研中也深深感到只有把农村的社会建设搞好了,才会天下太平。这一点在钱庙村体现的特别明显。

陆学艺先生和谢寿光先生特别关心城镇化中的失地农民问题。在休宁会议上,陆学艺先生还希望我们把合肥市的老洪村继续做完。这个村的土地已经全部建成了合肥市的政务区,农民都住进了社区,他们生活的怎么样,一直记挂在先生的心头,陆学艺先生和谢寿光先生希望我们有机会把这个"消失了的村庄"完成,这是一群失地农民的历史档案。

二

中国百村经济社会调查的影响力还在于,为我们在新的历史时期研究农村提供了一个基本的思路。2012年深秋中国百县市调查的主持人同时也是中国百村社会调查课题主持人之一谢寿光先生要求我们像百县市调查一样，把对村的调查范围扩大，把行政村作为一个调查的基点。

在长期的农村调查中，我们发现传统的自然村落正在被行政村取代，"寻找村落"一直是我心中的课题。我们在霍山金寨的百村社会调查课题回访中来到了大别山深处的司马村，这个村庄依山脉而建，前有"照"后有"靠"，看到这个村落的发展我感觉我找到了我想要"寻找的村落"。我们要建设新农村要按照农民的心愿和需求，山区的人希望依山脉建村，他们认为大山是有生命的，他们祖祖辈辈眷恋着大别山，山脉就是他们的龙脉，这才是他们心目中的美丽家园。

不同的村落应该具有不同的特点，我们要寻找最适合人们居住的家园。带着移民搬迁的问题，我们曾多次来大别山调查。1980年秋，张劲夫同志担任安徽省委书记时来到大别山看望革命老区人民，我当时随省委一位领导工作，那是我第一次来大别山，我看到大别山人民为中国革命胜利献出了10万优秀儿女，修水库献出了10万亩良田，处于安置中的10万人离开家园，有的甚至无家可归。如何使他们建立起新的幸福家园？霍山县创造性的实践了"以户对接"，就合理的利用举家迁移到城市的人员在农村空置出来的宅基地和田产妥善的安置了库区人们。

谢寿光先生还带着我们调查了大别山区的舒城县全国生态村的七门堰，这真是一个名副其实的人间仙境，到处是鸟语花香，这个村建设好一个3000亩有机板栗基地、1000余亩高产油茶示范园、

500 余亩桂花园、300 亩苗木基地、200 亩大棚蔬菜、100 亩垂钓中心，并利用板栗林下发展生态养鸡等养殖基地。在不经意间我们新型村落已经悄然呈现。

中国百村经济社会调查得到了地方官员和当地百姓的积极参与和全力支持。《大别山口的美丽家园》是和时任霍山县委书记的束学龙共同主编，《魅力盐铺》是和时任休宁县委书记的胡宁共同主编，《发现钱庙》是和时任凤台县委书记的姚多咏共同主编，这三位县委书记都参加了课题的培训、调研和撰写的全过程。最使我难忘的是支持我们开展百村社会调查的领导、学界同仁和农民朋友们。

中国百村经济社会调查安徽项目还有一件不能忘却的往事，那就是 2009 年 11 月 8 日，中国农村发展模式研讨会暨中国百村调查第三次工作会议在休宁召开，那天大雨滂沱，朱维芳主任在黄山出席全国人大一个活动，会后她应陆学艺、何秉孟、谢寿光等邀请来休宁参会。路上还不幸因车祸负伤。与会者都非常感动。一个省级干部对百村调查的关怀，这是我们永远不能忘却的。

中国百村经济社会调查钱庙课题开展一年多以来，从一开始的策划直到成书无不凝聚具着陆学艺先生、谢寿光先生和高鸽教授、王春光教授、马福伦教授的心血。春光教授百忙中认真审阅了稿件，提出了许多宝贵的意见，我们表示诚挚的感谢。在编辑出版过程中得到了邓泳红主任、丁凡编辑的指导和帮助，在此一并致谢。

王开玉

2013 年 1 月 15 日写于凤台

图书在版编目(CIP)数据

发现钱庙/王开玉,姚多咏主编.—北京:社会科学文献出版社,2013.6
（中国百村调查丛书）
ISBN 978-7-5097-4288-4

Ⅰ.①发… Ⅱ.①王…②姚… Ⅲ.①乡村-社会调查-调查报告-凤台县 Ⅳ.①D668

中国版本图书馆 CIP 数据核字（2013）第 029669 号

中国百村调查丛书·钱庙村
发现钱庙

主　　编 / 王开玉　姚多咏

出 版 人 / 谢寿光
出 版 者 / 社会科学文献出版社
地　　址 / 北京市西城区北三环中路甲29号院3号楼华龙大厦
邮政编码 / 100029

责任部门 / 皮书出版中心（010）59367127　　责任编辑 / 丁　凡
电子信箱 / pishubu@ssap.cn　　　　　　　　责任校对 / 师敏革
项目统筹 / 邓泳红　　　　　　　　　　　　　责任印制 / 岳　阳
经　　销 / 社会科学文献出版社市场营销中心（010）59367081　59367089
读者服务 / 读者服务中心（010）59367028

印　　装 / 北京季蜂印刷有限公司
开　　本 / 787mm×1092mm　1/16　　　　　印　张 / 18.25
版　　次 / 2013年6月第1版　　　　　　　　彩插印张 / 0.25
印　　次 / 2013年6月第1次印刷　　　　　　字　数 / 203千字
书　　号 / ISBN 978-7-5097-4288-4
定　　价 / 59.00元

本书如有破损、缺页、装订错误，请与本社读者服务中心联系更换
△ 版权所有 翻印必究